Carmen Ballesteros Castillo
Síndrome del
COMPLACIENTE
COMPULSIVO
O CÓMO DECIR SIEMPRE SÍ
TE ESTÁ ARRUINANDO LA VIDA

www.arcopress.com
@arcopresslibros



Primera edición, abril 2025

Arcopress • Desarrollo personal
Dirección editorial: Pilar Pimentel
Diseño y maquetación: Fernando de Miguel

Editorial Almuzara S. L.
Parque Logístico de Córdoba. Ctra. Palma del Río, km 4
C/8, Nave L2, nº 3. 14005 - Córdoba
info@almuzaralibros.com

Imprime: Gráficas La Paz
ISBN: 978-84-10354-33-3
Depósito Legal: CO-650-2025



Impreso en España/Printed in Spain

A ti, que estás en un momento de dolor y buscas consuelo y guía
en este libro. Tú eres la razón por la que me animé a publicarlo.

A mi Duncan, por creer más en mí que yo misma,
y recordarme quién puedo llegar a ser.

A mi familia, por estar en las duras y las maduras
y recordarme de dónde vengo.

A mi familia política por quererme como soy.

A mis amigos repartidos por todos los continentes,
por recordarme quién soy.

A los que me hicieron daño, por enseñarme a perdonar
y hacerme más fuerte.

A los que hice daño, por enseñarme a pedir perdón
y recordarme que necesito equivocarme para aprender.

# Índice

# Prefacio

Escribo estas líneas con una profunda tristeza tras haber discutido con alguien a quien quiero mucho. ¿El motivo? Darle un «sí» con condiciones.

Porque hay personas que no aceptan un «no» por respuesta.

En cambio, otros necesitamos complacer tanto a todos que lo hacemos de forma compulsiva, sin darnos ni cuenta. A algunos nos cuesta la misma vida decir que no. O me costaba, porque ahora lo he aprendido. Pero créeme que no me resultó fácil. De hecho, ha sido un proceso de años.

Como tengo el firme convencimiento de que de todo se aprende en esta vida, me he decidido a escribir este texto con la esperanza de que te sirva. Es más, con que ayude a una sola persona, el esfuerzo y el dolor habrán merecido la pena.

Porque, a día de hoy, si debo elegir entre el dolor de anteponer siempre las necesidades de los demás a las mías y el que pueda causar una discusión tras decir que no, prefiero el último.

Discúlpame si el párrafo anterior te ha defraudado. Quizá esperabas que te prometiera un camino de rosas. Que te hablara de lo fácil y maravilloso que te resultará decir «no». Que un día te despertarás, abrirás la ventana y gritarás un glorioso «NOOOOOO» en do mayor, y las nubes se convertirán en algodón de azúcar, la gente mirará hacia tu ventana y empezará a aplaudir, los coches harán sonar los cláxones, los pájaros trinarán, las calles se volverán de chocolate y empezarán a llover caramelos (o café en el campo, como diría Juan Luis Guerra).

Pero te estaría mintiendo.

Porque es muy difícil e incómodo aprender a decir que «no», ya que te enfrenta a tus miedos personales y a las bajezas ajenas y propias. Además, no mejora mucho con el tiempo: simplemente, tomas la decisión de que prefieres el dolor de decir que «no» al de sentir la obligación de decir que «sí». Te mentiría muchísimo si te dijera que será siempre fácil y agradable.

Como también te mentiría si afirmase que domino a la perfección el arte de decir que «no». Muchas veces pierdo la paciencia y me arrepiento de haber dejado que mi frustración hablara por mí. Pero eso da pie a otro arte: el de saber autoperdonarme cuando me equivoco y tener claro que la perfección no consiste en no equivocarse, sino en conocer nuestras limitaciones y comprender que la vida es un aprendizaje continuo en el que nos equivocamos a diario.

Pero hay dos buenas noticias. La primera es que no hay nada malo en equivocarse, sino más bien todo lo contrario. De hecho, equivocarse es el motor del aprendizaje, la llave que nos abre las puertas al mundo del autoconocimiento para mejorar cada día un poquito.

La segunda buena noticia es que, aunque nos duela decir que «no», también tiene su premio. Y ya sabemos que los premios saben mejor cuando nos han costado un esfuerzo, cuando los hemos sudado.

Además, se trata de un premio valiosísimo. Porque nada puede compararse a sentir amor propio, a saberte dueño de tu vida, a la alegría de saber que has luchado por ti y la seguridad de que has creado un equilibrio sano en tu relación contigo y con los demás, además de estar dándoles un ejemplo inmejorable a tus hijos e hijas (si los tienes).

Pero todo lo que acabo de decir es como enamorarse o tratar de describir la lasaña de tu abuela: no te lo puedo contar con palabras, tienes que vivirlo.

Y espero ayudarte a experimentarlo.

PARTE I

# POR QUÉ NO SABEMOS DECIR QUE NO

# Capítulo 1

# La primera vez que dijimos que no

Hace miles de años, en una caverna cualquiera, un padre gritó a sus hijos: «¡Borg! ¡Garb! ¡Volved a la cueva, que está anocheciendo!».

Pero Borg y Garb se lo estaban pasando bomba jugando a dinosaurios y meteoritos, y además estaban enfadados porque no les habían dejado ir a la última expedición para cazar mamuts, así que le gritaron enérgicamente a su padre: «¡No!».

El padre no soportaba que le llevaran la contraria, así que entró a la cueva a por su herramienta pedagógica favorita: el garrote. Y, aunque salió dispuesto a hacerles un buen chichón y arrastrarlos del pelo, si hacía falta, lo que vio le paralizó el corazón.

Un tigre Dientes de Sable se estaba abalanzando sobre Garb en aquel momento, y Borg se había quedado petrificado presenciando la escena.

El padre tuvo que tomar la decisión más dolorosa que un *Homo sapiens* puede tomar: salvar a Borg a costa de tener que sacrificar a Garb.

Padre e hijo quedaron traumatizados de por vida, y Borg aprendió por qué negarte a algo puede hacer peligrar nuestra propia existencia.

Nosotros descendemos de Borg.

# Capítulo 2

# ¿Por qué no sabemos decir que no?

En la naturaleza existen dos tipos de animales: solitarios y sociales.

Los primeros no necesitan de nadie. Saben que su vida está en juego todos los días y nacen con un instinto de supervivencia tan grande como el nuestro, solo que en su caso la supervivencia depende de ser autosuficientes. Un ejemplo claro de ello son las tortugas, que ni siquiera están presentes cuando sus crías salen de los huevos, pues estas últimas ya saben por instinto lo que tienen que hacer. La mayoría morirá por el camino, pues se necesitan fortaleza y grandes dosis de suerte para sobrevivir, pero las que lo consigan vivirán siglos enteros.

Luego están los animales sociales, como casi todos los mamíferos. Hay un motivo para ello: nos llamamos «mamíferos», entre otras cosas, porque necesitamos mamar de nuestra madre para desarrollarnos (la naturaleza tiende a ser *vintage*, así que no hay árboles de fórmula para bebés ni leches sustitutas). Nacemos tan vulnerables que para sobrevivir necesitamos, como mínimo, la presencia de nuestra madre.

Por eso, parte de nuestro instinto de supervivencia implica estar siempre alertas para buscar a nuestro grupo familiar, tener la posibilidad de llamar a alguno de sus miembros si no están a nuestro alcance (bueno, a ellos y a la vecina del quinto piso, si me apuras...

¡Bendita capacidad pulmonar de los bebés!) y, en definitiva, hacer todo lo posible por integrarnos.

Por eso los niños siempre están intentando agradar e impresionarnos.

Y por eso la pregunta del millón de los pobres padres angustiados es: «¿Cómo logro que mi hijo obedezca?».

Lo curioso del caso es que con eso estamos creándoles a los niños un problema que intentarán resolver durante toda su vida adulta.

## Cómo nos educaron para decir que sí a todo

«O te bajas del coche o te reviento a hostias». Con esa «dulzura» escuché a mi vecino dirigirse a su hijo de tres años cuando este último decidió que prefería seguir sentadito en el coche en vez de la aparatosa parafernalia de desabrocharse de la silla de niños, salir del vehículo, coger las maletas y subir a casa.

Ojo, no me visualices como la vieja del visillo, en bata, con un moñete en alto y espiando tras la cortina. Nada que ver.

Lo escuché desde el salón de mi casa en el segundo piso de un edificio con bajos, es decir, tres plantas más arriba. De hecho, en aquel momento estaba viendo una película. La escena no solo desafió las leyes de la gravedad para volar hasta mi casa, sino que los gritos superaron en decibelios al televisor que tenía encendido frente a mí.

¿Crees que ese niño sabrá decir que no a sus padres? Lo dudo bastante.

Pero no hace falta usar un lenguaje tan violento, ni técnicas de intimidación con las que entrenar a los niños para que digan que sí. Se pueden usar técnicas mucho más sutiles, como premiar la obediencia y castigar el cuestionamiento. De hecho, para un niño, una sonrisa de sus padres es todo un premio, igual que una mala mirada o un reproche son un castigo.

Recuerda: su supervivencia depende de cuánto agrade a sus mayores.

## Tus padres tampoco sabían decir que no

«Me tomó cuatro años pintar como Rafael, pero me llevó toda una vida aprender a dibujar como un niño».

Picasso.

Si yo te enseñara las primeras obras de Pablo Picasso, probablemente pensases que te estoy tomando el pelo. Porque eran auténticas obras de pintura realista. Pintaba como los ángeles. O, como él mismo dijo, pintaba como Rafael. Pero lo que lo convirtió en un genio de fama mundial fue, precisamente, desaprender todo eso.

Me encanta ver a los niños en sus primeras fases creativas, pues usan todo lo que esté a su alcance y su trabajo desborda amor e imaginación. Hasta que llegamos los adultos y les «enseñamos» a pintar una casita o un sol con una carita sonriente. Dos años después, todos los niños de la clase dibujan igual. Y lo más irónico es que la mayoría de los adultos admiten no saber dibujar.

Pues bien, hacemos lo mismo con casi todo. Nos pasamos nuestros años adultos intentando volver a ser como niños, buscar quiénes somos de verdad, qué nos gusta de corazón, qué es nuestro «de serie» o aprendido...

Y luego repetimos el mismo patrón con los niños, porque es la única manera que conocemos. No es la mejor, pero al menos nos sabemos manejar en ella.

De este modo, el ciclo se repite una y otra vez, una y otra vez, desde los tiempos de nuestro querido tataratatararísimabuelo Borg.

## ¿Eras un niño bueno?

Si estás leyendo este libro, probablemente tus padres triunfaron en su lucha por hacerte obedecer sin rechistar.

Seguro que conoces de sobra ese sentimiento que te aplasta el pecho cuando estás haciendo algo que no quieres hacer. Con toda seguridad, lo llevas experimentando toda tu vida.

También sabes de sobra que negarte a algo tiene consecuencias muy negativas, así que prefieres las consecuencias conocidas, el decir que sí aunque no quieras hacerlo.

Y, una vez que te convertiste en un niño dócil y obediente, dejaron de llamarte rebelde y problemático, y pasaste a ser «un encanto».

Enhorabuena, ya has aprendido a no saber negarte.

Y así hasta hoy.

# Capítulo 3

# El placer de decir que sí de corazón

Anoche visité a una amiga que está organizando unas jornadas en un centro cerca de mi casa. El programa consiste en seis días de talleres para participantes que vienen de cinco países de la Unión Europea, y yo soy la tallerista.

Cuando mi amiga me llamó para saludarme, yo desconocía que los participantes irían llegando hasta las doce de la noche, por lo que ella estaba limpiando las instalaciones, haciendo camas, preparando la sala de sesiones… El presupuesto de las ONG siempre es bastante justo, así que sus trabajadores intentan hacer lo máximo posible ellos mismos. Por las causas más nobles.

Cuando a las nueve de la noche me enteré de que estaban trabajando en dejarlo todo listo, no dudé en presentarme allí para ayudar. Porque sé que la noche antes de un evento siempre vienen bien dos manos extra. No me pidieron gran cosa: recibir a los participantes a medida que llegaban, hacer un cartel, ayudar con la sala… Nada especial.

Hasta que una participante se comió por error la cena encargada para la única chica vegana, que aún no había llegado. Eran las once y cuarto de la noche, y todos los supermercados estaban cerrados (por no mencionar que, en este pueblecito, cuando pides comida vegana, te miran como si les estuvieras hablando en japonés).

Mi amiga estaba agobiada. No solo porque la chica iba a cenar tardísimo, sino porque su única opción eran patatas recalentadas.

¡No si yo podía evitarlo!

Mi nevera estaba bastante vacía, pero tengo la gran fortuna de ser muy imaginativa y saber mucho sobre nutrición y dietas especiales. Así pues, enseguida me fui a casa y, treinta minutos después, estaba allí con un curri vegano recién hecho con mucho amor e ingredientes ecológicos (además, asegurándome de que hubiera legumbres y cereales, para que tuviera una cadena de proteínas completa). Vamos, como lo habría hecho en casa para alguien especial.

Mi amiga estaba aliviada, agradecida y avergonzada a partes iguales.

Aliviada porque la chica pudo cenar aquella noche. Agradecida porque pocas cosas se valoran más que una mano amiga que viene al rescate cuando estamos desbordados de obligaciones. Y avergonzada porque lo último que ella quiere en esta vida es molestar a nadie (perdí la cuenta de las veces que me preguntó: «¿Seguro que puedes? No quisiera abusar»).

Lo que ella no sabe es que aprendí a decir que no. Y eso me dio la libertad de decir que sí de corazón. Un «sí» sin condiciones. Con mayúsculas.

## Somos de naturaleza generosa

Cuando yo trabajaba en proyectos sociales con jóvenes en Sudamérica, había un detalle que nunca dejó de sorprenderme: la generosidad de los chicos.

Hablo de un contexto de pobreza extrema, de barrios sin asfaltar y viviendas hechas de chapa, cartones y maderas abandonadas. En semejante entorno se criaban aquellos niños, tan pobres que a menudo pasaban varios días sin comer (sobre todo los fines de semana, cuando la escuela con comedor gratuito cerraba), que no tenían juguetes, así que muchas veces los veías jugando descalzos sobre montañas de basura donde abundaban ratas, cucarachas, jeringuillas, cristales y demás porquerías que ni quiero mencionar. Me rompía el corazón verlos así.

Las ocasiones en que mi compañera y yo les dábamos comida, lejos de lanzarse directos a masticar, se iban corriendo emocionados en busca de sus amigos para compartir el botín a partes iguales. «Hoy por ti, mañana por mí. Nos cuidamos el uno al otro».

Cuando Maslow escribió su pirámide de necesidades humanas, en la base situó las que nos igualan con cualquier ser vivo del planeta: alimento, agua y refugio. Lo justo para sobrevivir. Y, una vez que éstas se encuentran satisfechas, van surgiendo otras más elevadas hasta llegar a la más alta: la búsqueda de la superación personal.

Sin embargo, en ningún escalón básico encontré la generosidad que tanto abunda en los entornos más vulnerables.

## ¿Qué es la generosidad?

Hay mil definiciones para la palabra «generosidad», pero yo voy a usar una con la que me siento muy identificada.

Hace poco estuve acompañando en un taller a varios niños que hicieron un ejercicio muy duro y lleno de aprendizajes. Se dividieron en seis grupos, a cada uno de los cuales le correspondió un país al azar entre Francia, Estados Unidos, Canadá, India, Nigeria y China. A cada país se le asignó una cantidad de «dinero» para arrancar un negocio de diseño de zapatos.

En el «mercado» había un vendedor de materias primas y un comprador de zapatos terminados. Todos tenían que pagar el mismo importe para la compra de materiales y la renta del local. Y quienes un mes no pagaran la renta se verían obligados a abonar una multa. Lo que los niños no sabían es que el comprador de diseños tenía instrucciones de pagar mucho menos por los diseños de los países con menos recursos.

El juego comenzó con cada país recibiendo su dinero de Monopoly. Y, claro, mientras Estados Unidos recibía doscientos dólares (o más) para arrancar, Nigeria solo obtuvo cuarenta.

La renta del primer mes ascendía a cincuenta dólares.

Estados Unidos compró todos los materiales disponibles, pagó su renta y se dispuso a trabajar con alegría. Nigeria, en cambio, tuvo que elegir entre pagar la renta y comprar materiales; ni siquiera tenía dinero suficiente para comprarlos todos, solo se podía permitir unas tijeras (por suerte, todos contaban con papel y lápiz).

Al igual que los demás países que habían empezado con menos presupuesto, Nigeria arrancó su negocio debiendo la renta y acumulando multas. Para colmo de males, no le pagaban apenas nada por sus elaborados diseños, en comparación con lo que les pagaban a otros grupos. Los grupos más «desfavorecidos» estaban desolados.

Empecé a ayudarlos a que el producto resultara más atractivo. «¡Di que estos son los zapatos que llevó Shakira cuando cantaba el *Waka Waka* en el Mundial de Sudáfrica!», les sugería. Gracias a mis consejos, comenzaron a vender más, pues al comprador le hacían gracia aquellas ocurrencias…, pero, aun así, seguían sin poder cubrir el alquiler.

Además, había «meses» en los que, por el motivo que fuera, el alquiler subía. Alguna vez hasta se llegó a triplicar. Y, como yo era la que «cobraba» en las mesas, pude presenciar la evolución psicológica de aquellos niños que antes de comenzar el juego se creían en completa igualdad de condiciones.

Los de los países «ricos» estaban orondos de satisfacción. Se abanicaban con sus fajos de billetes y me daban la renta sin rechistar, con alegría. Estaban en la cima del mundo, y de alguna manera el éxito los había hecho creer que eran exitosos, así que actuaban como tales.

Los de los países «pobres» se echaban a temblar cuando me veían llegar. Comenzaban a negociar conmigo: «¡Te pago esto ahora y el resto después!». No querían tener deudas, pero pagar les resultaba materialmente imposible. Sentían rabia. Y frustración. E impotencia. Algunos niños empezaron a abandonar el juego alegando que no les gustaba, que odiaban el país que les había tocado, que querían unirse a otro país. A muchos se les saltaban las lágrimas cuando contaban su dinero y veían que no podían comprar materiales, o cuando subía el alquiler.

Fue duro de ver, qué duda cabe, pero también les ofreció una lección que no olvidarán.

Sin embargo, una de las lecciones más valiosas me la llevé yo. En un momento dado del juego, se había producido una inundación en otro país, así que les pregunté a los demás si querían hacer alguna donación para ayudarlo. Todos aportaron algo, y los países ricos se mostraron especialmente generosos en sus donaciones. Pero el ejemplo del grupo de Nigeria fue lo que me descolocó por completo.

Los niños de este grupo acababan de conseguir pagar una multa por un alquiler atrasado, pues debían el alquiler del mes en curso más la nueva multa de ciento diez dólares, así que les quedaban cuarenta para comprar materiales.

Cuando llegué a su mesa a preguntar si querían hacer alguna donación, esperaba una negativa o, como mucho, cinco dólares, pero me dieron nada menos que veinte. Es decir, la mitad de lo que tenían, y además en un momento en el que estaban endeudados hasta las cejas y sin apenas presupuesto para materiales.

Esto me recordó a una enseñanza bíblica (seamos creyentes o no, la realidad es que la cultura occidental se basa en los valores judeocristianos, así que mucho de lo que la Biblia o la Torá enseñan son la base de nuestros valores y nuestra ética). Pues bien, volviendo a la Biblia, en los evangelios de Marcos y Lucas, se cuenta que una viuda pobre donó en el templo —casi a escondidas— dos monedas sin apenas valor, mientras que un rico fariseo había donado de forma ostentosa una gran cantidad, como muestra de poderío y generosidad. La interpretación más habitual es que Jesucristo aprovecha ese pasaje para enseñarnos que ella había sido mucho más generosa, porque la generosidad no es dar lo que nos sobra, sino lo que tenemos.

Lo que los niños acababan de hacer sirve como ejemplo excelente de esa definición.

## El placer de compartir

Cuando nos mostramos sinceramente generosos con alguien que lo necesita, sentimos un placer difícil de describir, pues se produce un maravilloso momento de intimidad y reconocimiento entre ambas partes. Nos sentimos felices con solo ver el efecto que nuestra generosidad ha tenido en el otro. Basta con que recuerdes la última vez que le regalaste a alguien especial justo lo que quería.

Y, si recuerdas cómo funciona nuestra mente, sabrás que estamos diseñados para buscar el placer y evitar el dolor.

Por eso, cuando hacemos algo que está mal, nuestros propios huesos nos lo dicen. Y por eso, cuando hacemos algo que está bien, una oleada cálida de confort y felicidad nos invade. En ambos casos, nuestro cuerpo nos dice que sigamos haciendo (o dejemos de hacer, según) ese tipo de cosas.

Si te fijas en los niños pequeños, lo verás con claridad, pues tienen un sensor especial para detectar el sufrimiento. Cuando ven a alguien llorar, se acercan a ponerle la manita en el hombro y consolarlo. Lo llevamos de serie.

Pero, una vez más, educamos erróneamente a los niños en el capítulo de la generosidad.

Hace poco leí un artículo que me hizo pensar mucho. Cada vez que mi sobrino de dos años estaba comiendo algo que le encantaba y me decía: «Toma, Carmen», yo le respondía sonriendo: «Gracias, cariño, te lo agradezco mucho, pero tómatelo tú, que yo estoy bien». Por lo tanto, le estaba negando que sintiera el placer de compartir, de vivir un momento de intimidad conmigo. Estaba rechazando su gesto generoso. Y, aunque lo hice con toda la buena intención del mundo, no le estaba permitiendo desarrollar ese aspecto tan importante, es decir, sentirse satisfecho por renunciar a algo que en realidad es suyo. Renunciar simplemente porque sí, por amor.

Irónicamente, sí obligamos a los niños a compartir sus juguetes con otros. Les guste o no. Y a ese gesto forzado lo llamamos «enseñarlos a ser generosos». Lo gracioso es que, cuando el niño va a echar mano de «nuestros juguetes de adultos» (el móvil, la tele, el ordenador…), lo más probable es que batamos un récord de velocidad para correr a arrebatárselos de las manos, no vaya a ser que nos los rompan. El mensaje está claro: «Tú compartes tus juguetes, pero yo los míos no». Y el niño interpreta eso como un «estoy deseando ser mayor para no tener que compartir mis juguetes».

Sin embargo, no nos damos cuenta de que los juguetes son el único patrimonio de los niños. Para nosotros son cosas sin apenas valor, que cuestan poco dinero y cuya razón de ser es que los compartan.

En cambio, un niño se ha pasado semanas decidiendo cuál quería para Reyes o para su cumpleaños. Sus juguetes son su mundo y lo único que puede llamar «suyo». Pese a ello, nosotros los obligamos a compartirlos, a veces con perfectos desconocidos o con niños muy descuidados. Y, por supuesto, el dueño de los juguetes vive esa experiencia con estrés y ansiedad.

El artículo comentaba que, al igual que ocurre en el mundo de los adultos, hay niños muy cuidadosos y otros no tanto. El niño muy cuidadoso sufre en toda su intensidad la experiencia de «compartir» (a la fuerza) sus preciados juguetes con otros. No les quita ojo, pide al otro niño (más bien le suplica) que por favor no los toque con las manos pegajosas, que no los tire al suelo, e incluso acude a los adultos a relatarles una lista de motivos por los que considera que el otro niño está maltratando sus juguetes.

Lejos de llenarnos de gozo el alma, la experiencia de la generosidad forzosa nos deja agotados y con un mal recuerdo.

PARTE II

# POR QUÉ ES IMPORTANTE SABER DECIR QUE NO

# Capítulo 4

# La importancia de decir que no

Sin darnos cuenta, llenamos de incoherencias la cabeza de los niños. Por eso crecemos considerando normales ciertas creencias más bien contradictorias.

Por ejemplo, cuando yo era pequeña, la palabra de un adulto se asemejaba a la de un dios del Olimpo. Cualquier transeúnte podía reñirte. ¡Y que no se te ocurriera rechistar! Porque, como cometieras semejante osadía, entonces te mirarían desafiantes a los ojos y te dirían que eres «una cría maleducada», lo cual se coronaba como el rey de los insultos, ya que con él mataban dos pájaros de un tiro: insultaban al hijo por ser un maleducado y a los padres por no haber sabido educarlo. Así que, por supuesto, lo recibían con vergüenza tanto el niño como los padres. Sin embargo, en el caso del niño era peor, porque había consecuencias por partida doble: primero, la bronca del adulto que pasaba por allí; y, segundo, la de los padres, porque «dejarlos en evidencia» era lo peor que un niño podía hacer en público por aquel entonces.

Por otro lado, nos insistían mucho en no hablar con desconocidos. Así que al final ya no sabíamos qué pensar: «¿En qué quedamos? ¿Hay que obedecer a todos los adultos o llevarle la contraria al que se muestra amable y nos ofrece caramelos?».

El problema está en que no nos damos cuenta de que la mente infantil tiene un funcionamiento mucho más sencillo que eso. A los niños les gusta la claridad, la transparencia y el orden. No entienden eso de «haz lo que yo digo, no lo que yo hago». Ni tampoco lo de «esta regla hoy sí, pero mañana ya no».

Sin ánimo de comparar a los pequeños con animales, os diré que hace años mi perro me dio un ejemplo de educación que se ha quedado conmigo desde entonces. Resulta que mis padres viven en una casa con jardín exterior, en el que el perro se pasaba todo el día jugando. Descubrimos que era divertidísimo lanzarle macetas de plástico vacías, de esas en las que van las plantas cuando las compras, hechas de un plástico muy endeble y ligero. Así que era tronchante ver al perro lanzarlas por el aire, pisarlas y que salieran despedidas al otro lado mientras hacía malabares con ellas. Lo pasábamos todos de maravilla.

Hasta que un día mi padre salió al jardín y se encontró desparramadas por el suelo todas las plantas que acababa de comprar en el vivero; y a mi perro, feliz, jugando con las macetas en otro lado. Lógicamente, las había vaciado para coger «su juguete». Y, por supuesto, el pobre no tenía ninguna culpa. ¿Cómo le vas a enseñar la diferencia entre «maceta buena para jugar» y «maceta mala que no debes tocar»?

Pues con los niños ocurre lo mismo; y, si vamos al caso, con los adultos también. Si algo caracteriza a las sociedades poco democráticas es la falta de transparencia y la vaguedad de sus leyes. Cuanto más específica la ley, menos abierta a interpretaciones personales y, por tanto, menos susceptible de que agentes corruptos nos atribuyan delitos que ni siquiera hemos cometido.

¿Y qué tiene esto que ver con saber decir que no?

Pues todo.

Porque de niños nos enseñan a no cuestionar a los padres, a los profesores y, en general, a toda figura de autoridad. Dependiendo de los padres y de las circunstancias, tales figuras pueden limitarse al círculo más cercano o ampliarse a «cualquier adulto que te dé órdenes».

Pero ya durante nuestra adolescencia, para enseñarnos que debemos tener criterio propio y aprender a negarnos a ciertas cosas, de pronto pasan a decirnos: «Si tu amigo se tirara de un puente, ¿también te tirarías tú?».

Aunque hasta entonces jamás nos hubieran enseñado a decir que no.

Aunque, de hecho, se nos hubiera castigado durante años cuando tratábamos de hacer precisamente eso.

Afortunadamente, todo es reversible, como veremos en las siguientes páginas.

# Capítulo 5

# Los «noes» os harán libres

¿Recuerdas esa famosa frase que afirma que «la verdad os hará libres»? Pues, en este caso, la verdad tiene forma de negación.

Porque la verdad es lo que emerge cuando nos atrevemos a decir que no. Y, con ella, emerge también nuestra recién adquirida libertad.

— Nuria, pon la lavadora.

— Ahora no, que estoy agotada.

— No te atrevas a contradecirme/replicarme.

Y como Nuria se atreva a negarse… ¡castigo al canto! La próxima vez se lo pensará dos veces antes de llevar la contraria a mamá.

*Si digo que sí, aunque no quiera, logro agradar a los demás* (es decir, obtengo un premio).

*Si digo que no, me consideran mala, grosera y egoísta* (es decir, obtengo un castigo).

Y nadie quiere ser la bruja del cuento, sino el hada madrina o la princesa, ¿no?

Para más inri, si a Nuria se le ocurre obedecer de mala gana, enfadada porque ya ha dicho que no y porque, además de que les ha dado igual su negativa, encima le han respondido con una amenaza, entonces llega la siguiente frase: «Y hazlo de buenas».

Porque ninguna mujer quiere ser una malhumorada o contestona, ¿no?

Así nos quedó grabado el mensaje de que no solo debemos hacer las cosas en contra de nuestra voluntad, sino que además tenemos que hacerlas con una sonrisa y ocultando nuestros verdaderos sentimientos.

Por desgracia, reprimir nuestros sentimientos y actuar en contra de nuestra voluntad durante años termina pasando factura. De hecho, varios estudios han determinado que las mujeres son más propensas al estrés, en especial las amas de casa. Tanto es así que ya hay quien habla del «síndrome del ama de casa».

¿Significa eso que no saber negarnos puede llevarnos al famoso *burnout*?

Definitivamente. Pero vamos a explorarlo un poco más.

## ¿Qué es el *burnout* o síndrome del trabajador quemado?

Sufrir *burnout* significa que te quemas. Como una antorcha. Que te quemas y te consumes hasta que ya no te queda nada más que dar. Como se dice vulgarmente en España, estás más quemado que la moto de un *hippie*.

En el mundo hay dos tipos de personas: los que dan y los que toman.

Y toman.

Y toman.

Y toman un poco más.

No, no me refiero a beber. ;)

Me refiero a que, siempre que hay alguien dispuesto a dar, tiene alrededor una nube de moscones intentando aprovecharse y ver qué les cae. Al igual que los tiburones y las ballenas tienen peces piloto comiendo de sus sobras.

Y no conocen límite a la hora de pedir. Siempre quieren más. Como las garrapatas o las sanguijuelas, que solo quedan satisfechas cuando han exprimido a su víctima hasta que no queda nada.

Obviamente, no estoy comparando la ayuda en casa con el abuso de los aprovechados. Ni mucho menos. Hay que colaborar en casa, claro que sí, pero también es importante escuchar las necesidades de todas las partes.

Quizá Nuria odia poner la lavadora y no le importa tanto fregar los platos. O tal vez no le parece tal fastidio poner una lavadora o incluso tender la ropa, en realidad, pero siempre y cuando le pregunten con amabilidad y no se lo ordenen. A lo mejor la ayuda puede negociarse en vez de imponerse.

He utilizado el ejemplo anterior porque representa muy bien una situación a la que todos nos hemos enfrentado. Me refiero a cuando nos hemos visto obligados a hacer algo por miedo a las consecuencias, han ignorado nuestras necesidades y, encima, hemos tenido que fingir que lo hacíamos con cariño porque, si no, también habría habido consecuencias negativas.

Todos hemos vivido esa mezcla de frustración, invisibilidad e incluso rabia. Se trata de sentimientos relacionados con el orgullo herido, pero también con el corazón, porque a todos nos gusta que se nos tenga en cuenta en la toma de decisiones, no que se nos impongan las cosas.

Y aún iré más allá, pues decir a la fuerza un «sí» lleva aparejado otro problema: la pérdida de nuestra identidad y nuestra personalidad.

# Capítulo 6

# Nuestras acciones NO nos definen

Siempre me creí a pies juntillas la afirmación de que somos lo que hacemos. Creía que la forma de actuar nos definía para siempre, y que por eso debemos medir muy mucho cómo actuamos en todo momento.

Sin embargo, la edad y la experiencia me han demostrado lo simplista e infantil que en realidad es esa definición.

Las personas somos seres mucho más complejos y ricos que la colleja que le diste a tu hermano cuando te insultó, o que el abrazo que le diste a la persona que te cae mal. Esos actos solo muestran un fotograma aislado de una película de muchas horas (años, de hecho). Y solo sirven para revelar dos cosas:

La expresión de cómo nos sentíamos en aquel momento.

La culminación de algo que se llevaba gestando desde hacía tiempo.

Pero en ningún caso implican un cambio de personalidad perpetuo.

Digo esto porque puede resultarnos muy cómodo y tentador afirmar: «Yo es que soy así, siempre he sido así porque toda la vida he hecho esto, así que no puedo cambiar».

Y eso es una mentira como una catedral.

Porque las personas tenemos la capacidad innata de reinventarnos todos los días. Si hemos llegado hasta aquí, si hemos evolucionado como especie, si mi abuela nació en un mundo iluminado por velas donde no había electricidad y murió con un *smartphone* en el bolsillo, es gracias a nuestra capacidad de reinventarnos, innovar y adaptarnos a una velocidad vertiginosa a los cambios.

Si queremos, podemos. Lo que ocurre es que raramente queremos porque cuesta trabajo y nos hace enfrentarnos a nuestros miedos. Y, sobre todo, porque resulta muy cómodo vivir siempre en la misma historia sin tener que crear una nueva.

Todo esto lo aprendí gracias a mi trabajo en rehabilitación en cárceles. Los chicos tenían una identidad muy marcada por sus actos, así que no eran Antonio, Paco o Pedro, sino un ladrón, un narco o un buscabroncas.

—¿Pero no eres padre? —preguntaba yo.

—Sí, eso también — me respondían.

—¿Y amigo?

—También.

—¿Y no me dijiste que sabes arreglar motos?

—Ah, sí, eso lo hacía todo el tiempo.

Y suma y sigue.

Resulta que el acto que los había llevado a prisión les había reducido la personalidad a una sola dimensión: el crimen que habían cometido. Y quedaba anulado todo lo demás que también eran. El problema es que habían interiorizado tanto su supuesta unidimensionalidad que, cuando salían de la cárcel, seguían «siendo» el crimen que hubieran cometido.

Parte de mi trabajo consistía en separarlos de aquel acto. «Tú no eres un ladrón, sino una persona que robó y está pagando por ello. Pero, el día que seas libre, tú decidirás quién quieres ser; y, a lo mejor, prefieres ser Antonio el fontanero». Era muy importante que les hiciera ver aquello. Porque, el día en que pusieran en libertad a Antonio el ladrón, ¿a qué se iba a dedicar, sino a robar? ¡Y cómo no iba a hacerlo, si hasta estaba en su tarjeta de presentación!

## Las buenas acciones tampoco nos definen

Te advierto que lo que viene ahora podría dolerte. A mí me dolió, desde luego. Porque, si aceptas que tus malos actos no te cambian la personalidad, tendrás que asumir que tampoco lo harán los buenos.

Fracasar en un negocio no te convierte en un fracasado, ¿verdad?, sino tan solo en alguien que montó un negocio que no funcionó, lo cual te deja vía libre a intentar empezar otra cosa que sí funcione.

Pues bien, por la misma regla de tres, triunfar en un negocio no te convierte en un triunfador, sino solo en una persona que montó algo que le funcionó.

Sí, lo sé, asumir esta realidad no es precisamente alimento para nuestro ego (sobre todo, la parte de no identificarnos con nuestros éxitos); pero, si queremos mantener cierta estabilidad mental, si queremos que nuestro humor y nuestra personalidad no dependan de factores externos, debemos hacer ese ejercicio de separación en nuestros actos diarios.

Sí, de los actos se responde.

Sí, los actos tienen consecuencias que nos afectan.

Sí, nuestros actos modifican la actitud que las personas muestran hacia nosotros.

Pero nuestros actos no constituyen nuestra personalidad ni nos definen para siempre. Solo son fotogramas aislados de una película.

Un fracaso no te hará un fracasado para siempre, como tampoco un éxito te convertirá en triunfador hasta el fin de tus días. La vida es un proceso constante de ensayo y error, así que cada día tenemos una nueva oportunidad de reinventarnos y construir un nuevo futuro. Mejor ser dueños de nuestra vida y nuestro futuro que esclavos de una personalidad impuesta, ¿no?

## ¿Quién soy yo?

Una vez que eliminas la obligatoriedad del «no», surge la inevitable pregunta: «¿Y quién soy yo si no digo que no?»

Porque nos han advertido que nos convertiremos en malas personas si decimos que no. Que nos volveremos egoístas, egocéntricos, solitarios, individualistas y una larga retahíla de palabras horribles que nos hacen visualizarnos solos en una esquina, como un orco horrible con pústulas por todo el cuerpo a quien nadie se quiere acercar.

Pero nada más lejos de la realidad.

Para empezar a decir que no de una forma sana, primero tenemos que desembarazarnos de todos esos miedos que nos metieron en la cabeza durante la infancia cuando nos atrevimos a negarnos a algo.

En segundo lugar, debemos descubrir quiénes somos realmente. Porque, cada vez que de pequeños dábamos un «sí» forzado, lo cierto es que también estábamos diciendo «no»..., solo que a nosotros mismos. Como consecuencia, llegaba un momento en que ya no sabíamos quiénes éramos en realidad. No sabíamos si éramos la Nuria que pone lavadoras como churros con una sonrisa tatuada en la cara, aunque por dentro esté gritando lo mucho que lo odia (y algún día saldrá a la luz, créeme), o la Nuria que lo hace de todo corazón. Dicho esto, ¿cuál de las dos Nurias crees que es más feliz?

PARTE III

# DESAPRENDE A DECIR QUE SÍ

## Capítulo 7

# Cómo desaprender y dejar de ser obedientes

> Según la ciencia, los primeros años de la infancia son los que marcan la pauta. Esto significa que las mayores oportunidades y riesgos se presentan cuando la vida está comenzando. El cerebro de niños y niñas se desarrolla de un instante a otro, mientras se relacionan con todo lo que les rodea. En los primeros años de vida se forman más de un millón de conexiones neuronales por segundo, un ritmo que nunca se volverá a repetir. Las primeras experiencias y su calidad suponen un factor decisivo en el desarrollo del cerebro, ya que tienen el potencial de consolidar o debilitar la base de su aprendizaje, la salud y comportamiento para el resto de sus vidas.
>
> Extracto del documento de desarrollo
> de la primera infancia de UNICEF

No somos conscientes de la importancia de los primeros años de vida en nuestro desarrollo como personas, ni del modo en que esto condicionará nuestra vida.

El famoso hipnoterapeuta británico Paul McKenna afirmó en una conferencia a la que asistí: «Preséntame al niño antes de que cumpla siete años, y yo te mostraré al hombre de hoy».

Sus palabras me trajeron muchos recuerdos. En mi trabajo como antropóloga en proyectos sociales, había conversado con docenas de exadictos y adictos, reclusos, jóvenes en situación de vulnerabilidad extrema… Y todos tenían algo en común: en cuanto comenzábamos a hablar, tardaban menos de cinco minutos en mencionar a sus padres. El patrón se podía resumir en padre ausente o violento y madre disfuncional. No importaba que ya tuvieran treinta o cuarenta años, pues esa era casi invariablemente su historia, su formación, su trauma y el dolor que revivían a diario. «Mi padre me abandonó, mi madre se prostituía», confesaban, antes de derrumbarse ante mí. Y, si bien muchos de ellos tenían sus propios hijos, seguían basando todas sus decisiones vitales en su primera infancia.

Si a eso le añadimos que el 95 % de nuestras decisiones las tomamos de manera inconsciente, ya te puedes imaginar que se nos queda una imagen «preciosa»: a una infancia donde se nos crean todas las conexiones neuronales de toma de decisiones y cómo sobrevivir en nuestra sociedad, sumémosle todas las decisiones que hemos tomado desde nuestro subconsciente, en piloto automático.

Un cóctel que no ayuda en absoluto, pero que explica bastante bien por qué nos cuesta tanto desaprender.

## ¿He leído que un 95 % de nuestras decisiones son inconscientes?

Sí, has leído bien. Un 95 % de nuestras decisiones las tomamos sin pensar, como expone en su libro *Cómo piensa la gente* el doctor Gerald Zaltman, profesor de la Universidad de Harvard y exponente de la psicología de ventas y el *neuromarketing*.

Y tiene mucho sentido. Nuestro cuerpo tiende a ser «vago» (y lo entrecomillo porque nunca he visto a un vago que trabaje tanto), así que, cuando le quitamos una tarea, suspira agradecido.

Imagina que cada día te levantas, lavas los platos, limpias la casa, sacas a pasear al perro, riegas las plantas, cocinas, lees, trabajas... Y al día siguiente, vuelta a empezar. Nadie podría acusarte de vagancia, ¿verdad? Porque lo cierto es que no paras ni un segundo.

Pues bien, ahora imagina que alguien te instala en el jardín un riego por goteo para las plantas. Los primeros días quizá no te acuerdes del sistema que te han instalado y sigas regando como siempre, con lo que las plantas acabarán regadas por partida doble, sin tú saberlo. Los siguientes, te acordarás de que no hace falta que tú las riegues porque para eso ya está el goteo (de hecho, incluso acabarás llevándote un susto al encontrarte alguna planta medio ahogada, tras el doble riego de los primeros días). Diez días después, te limitarás a comprobar con satisfacción que las plantas están húmedas. Poco después ya ni lo mirarás, confiarás en que el riego está haciendo su trabajo y respirarás con alivio porque te habrás quitado un trabajo de encima. Algunos te tacharán de vago o vaga por haber dejado de regar las plantas, pero tú tienes un nombre distinto para esa «vagancia»: se llama «eficiencia y optimización de recursos». ¿Para qué vas a esforzarte en hacer algo que ya se hace por sí solo?

Bueno, pues nuestro cuerpo funciona igual. Nosotros evolucionamos gracias a una mente que nos llevó a buscar el placer y evitar el dolor.

«¿Tocar el fuego? Dolor. Lección aprendida: no tocar el fuego».

«¿Un alimento en mal estado? Dolor. Lección aprendida: comprobar el estado de los alimentos antes de ingerirlos».

«¿Beber un vaso de agua en un día extremadamente caluroso cuando estoy al borde de la deshidratación? Placer. Lección aprendida: el agua es buena y se convierte en mi bebida favorita cuando hace calor».

«¿Una sonrisa de mamá o un "estoy muy orgulloso de ti" de papá cuando soy obediente? Placer. Lección aprendida: obedecer es bueno».

«¿Un sonoro "*¡No me lleves la contraria!*" por parte de mis padres, posiblemente acompañado de una colleja? Dolor. Lección aprendida: cuestionar lo que me dicen es malo».

Nuestro obediente y eficiente cerebro almacena toda esa información, la registra y la convierte en conexiones neuronales. Así pues, en el futuro, no tendremos que tomar decisiones porque nuestro cerebro ya sabe cómo debemos actuar, y la mente nos ayudará recordándonos por todos los medios por qué debemos seguir haciendo lo que sabemos. Incluso tenemos una justificación universal para esas situaciones: «Más vale malo conocido que bueno por conocer». *Chimpún*, asunto *arreglao*.

## Tomar muchas decisiones nos agota

Y no es para menos.

Imagina todo lo que una nueva situación implica: valorar los pros y los contras, valorar las consecuencias que cada alternativa nos ofrece (¿nos causará dolor o placer?), decidir el riesgo que cada alternativa tiene, si es reproducible en el futuro, el coste de oportunidad (el coste de no decidirnos por otra alternativa) y vivir la decisión tomada en estado de alerta para descubrir si hay algún peligro que no hemos contemplado.

Buf, me agoto solo de pensarlo.

Así que, cuando elegimos una alternativa y nos gusta, nuestro cerebro se pone manos a la obra para convertir esa situación en algo familiar. Por eso, cuando nos vamos de vacaciones, a los tres días ya decimos cosas como «¿nos vamos a desayunar donde siempre?». O, si solemos pedir el mismo plato en nuestro restaurante favorito, entramos en una pequeña crisis cuando nos dicen: «Uy, ese plato se ha agotado hoy».

Si eres un emprendedor o lideras un equipo, sabrás perfectamente a qué me refiero. ¿Cuántas microdecisiones tomas a diario? ¿No sientes como si te pesara el cerebro al finalizar la jornada?

Yo he tenido un restaurante durante siete años. No solo debía saber qué ingredientes comprar, qué había en la nevera, qué platos se habían agotado, a qué cliente no le gustaba el tomate o quién era alérgico al marisco, sino que también era la responsable de resolver conflictos entre empleados, indicar al proveedor en medio de un servicio dónde dejar las cajas que había traído tarde, darle a un vecino las llaves que dejó su hijo en la barra y un largo etcétera.

A veces me olvidaba de la mitad de las decisiones del día. Y eso que se trataba tan solo de un pequeño restaurante en un pueblo turístico.

Pues ahora imagina lo que les ocurre a grandes ejecutivos como Steve Jobs, en Apple. Él decía que siempre llevaba la misma ropa porque, de este modo, era una decisión menos que tenía que tomar en el día a día. Así de duro puede llegar a ser el hecho de tomar decisiones.

Pero ni siquiera hace falta tener una empresa para eso, hay múltiples ejemplos de andar por casa muy cercanos a nosotros. Por ejemplo, las madres de niños pequeños adquieren la habilidad extraordinaria de mantener una conversación contigo mientras resuelven una disputa entre sus hijos, consuelan a otro que se ha caído y dan de comer a otro más. ¡Y todo ello sin perder el hilo de la conversación! No me extraña que terminen agotadas.

## Un nuevo hábito cuesta tres semanas en asentarse

Seguro que no es la primera vez que lees esto. Todos los gurús del crecimiento personal y la construcción de hábitos nos cuentan que una acción repetida de forma consciente durante tres semanas seguidas se convertirá en un hábito que haremos de forma inconsciente.

Para aprender a decir que no, tenemos que estar dispuestos a pasar por la incomodidad de no decir automáticamente que sí, sino más bien hacerlo de forma consciente y tras haber meditado los pros y los contras. Pero no te preocupes, que yo te voy a dar herramientas para eso.

A medida que desaprendemos a ser obedientes, iremos aprendiendo de nuevo a decir que no, pero esta vez sin la enorme carga emocional que nos hemos autoimpuesto todos estos años.

# Capítulo 8

# Demoliendo conceptos

Seguro que en el mundo del *coaching*, la autoayuda y el crecimiento personal has escuchado muy a menudo el término «creencias limitantes». Y, si no lo has hecho, aquí estoy yo para ponerle remedio a eso.

El término se explica por sí mismo. Para empezar, una creencia es algo (real o no) que nosotros tomamos como cierto y debido a lo cual actuamos en consecuencia. Por ejemplo, si creo en una religión, tomaré por válidos sus preceptos y actuaré y pensaré en consecuencia. Ni siquiera me cuestionaré la validez de sus afirmaciones porque las creencias están profundamente enraizadas en nosotros, hasta el punto de formar nuestra personalidad, así que actuamos basándonos en ellas.

¿Pero qué ocurre cuando esas creencias son limitantes? Pues, en efecto, del mismo modo que hay creencias expansivas y empoderadoras que nos hacen crecer, también las hay que nos empequeñecen y nos limitan.

Una creencia empoderadora sería, por ejemplo, vivir bajo la afirmación de que «si quiero, puedo» o «yo puedo con todo lo que me propongo», de forma que, cuando estemos en un momento de debilidad o estancamiento, nuestra creencia nos impulsará hacia delante. Por el contrario, una creencia limitante implica limitar nuestros actos, como cuando nos decimos: «¿Para qué me voy a molestar en intentarlo? Total, no sirve de nada». Esas creencias nos hacen fracasar antes de empezar.

Por otro lado, ten en cuenta que casi todas las creencias son adquiridas. Por ejemplo, quizá en casa siempre te dijeron que se te dan muy mal los números, y a partir de entonces..., ¡oh, sorpresa!, resulta que siempre has sacado malas notas en Matemáticas.

En su libro *Cómo ganar amigos e influir sobre las personas*, Dale Carnegie nos invita a regalar etiquetas empoderadoras a la gente, porque tendemos a cambiar nuestra actitud hasta que nuestra personalidad se alinea con ellas.

Eso se lo sabe muy bien mi amiga María, que tiene en mi ciudad una academia para preparar oposiciones al cuerpo policial. Muchos aspirantes llegan con buena forma física, pero sin haber sido buenos estudiantes en la escuela, así que les preocupan mucho las pruebas de conocimiento y aptitud. El primer día, María siempre habla con cada alumno de forma individual. Cada vez que alguno le dice que está allí porque siempre se le han dado fatal los estudios y duda que pueda pasar el examen teórico, la respuesta de María es de lo más brillante: «Eso es porque hasta ahora estabas haciendo lo que se esperaba de ti y nada más, pero es que yo espero muchísimo más de ti. Yo espero tu todo. Tu tiempo, tu esfuerzo, tus ganas, tu superación y tu constancia. Quiero verte darlo todo, porque lo que yo espero de ti es que termines entre las notas más altas». (Además, María subraya mucho las palabras y lo dice mirándolos a los ojos, con una sonrisa cómplice y mucha firmeza).

Sus alumnos suelen quedan en *shock* tras escuchar esto, pues no están acostumbrados a semejante despliegue de confianza en ellos. Así pues, lo reciben como un honor, un regalo y una responsabilidad a partes iguales. Piensan: «Aquí hay alguien que confía en mí y cree que puedo obtener de las notas más altas. ¿Será verdad?».

Y lo mejor es que la profecía de María suele cumplirse. Esas mismas personas que no daban una en el colegio terminan entre los primeros puestos en unas pruebas públicas donde compiten con otros que siempre habían sido mejores estudiantes que ellas.

Ese es el poder que tiene que alguien crea en nosotros. Así pues, imagina el poder que tiene que seamos nosotros quienes creamos con tal intensidad en nuestro potencial.

## ¿Fuiste víctima de algún profesor terrible?

Aún no conozco a nadie que no lo haya sido. Por desgracia, en el mundo de la docencia hay muchas personas que no merecen la responsabilidad que manejan entre sus manos.

He conocido a muchos con poca vocación, sin paciencia ni ganas, que se suben al carro del profesorado porque, al menos en España, implica tres meses de vacaciones al año, un sueldo que aumenta cada año y un montón de privilegios que los trabajadores con otro tipo de empleo no tienen.

Afortunadamente, no son la mayoría, pero sí muchos. Y todos tienen el potencial de destruir futuros. Sí, sé que suena drástico, pero es verdad.

Cuando la mejor amiga de mi madre era solo una niña, no le entró por el buen ojo a una profesora, que empezó a decirle que se le daban mal los números o las ciencias y que más le valía ir buscándose una carrera relacionada con las letras. O, peor aún, que ni lo intentara, porque estudiar «no era lo suyo». Y la niña se lo creyó. No solo ella, sino toda la clase. La opinión personal de la profesora, basada en sus juicios y sus prejuicios, se convirtió en creencia personal y, con la fuerza de la repetición, en creencia colectiva. Así pues, ya en secundaria, cuando tuvieron que seleccionar entre letras o ciencias, la amiga de mi madre se decantó por las asignaturas de letras sin dudarlo un segundo. Y nadie se lo cuestionó, claro.

Sin embargo, un día del verano previo a entrar en la universidad, decidió que no le gustaban las letras. Es más, soñaba con ser bióloga. Había descartado aquella idea muchas veces de su cabeza: «¿Cómo que bióloga? ¿Pero cómo me atrevo siquiera a pensarlo? ¡Si a mí los números y la ciencia no se me dan bien!». Pero algo se había despertado en ella. La semilla de una duda, la combinación de dos palabras mágicas: «¿Y si…?».

Aquella nueva idea echó raíces. De hecho, empezó a sentir un profundo rechazo a sus supuestas limitaciones en tales áreas de estudio. Afortunadamente, si algo la ha definido siempre es su cabezonería. Y así, en el verano previo a entrar por fin en la universidad, decidió que quería ser bióloga. Disponía de dos meses para estudiar todas las asignaturas de Ciencias de todo el bachillerato con el objeto de presentarse a las pruebas de acceso universitario en aquella modalidad. Sabía que el plan resultaría loquísimo a ojos de los demás, así que apenas se lo contó a nadie.

Pues bien, hace poco se jubiló tras treinta años como profesora de Biología.

Eso es el poder de una creencia limitante (la de la profesora) y de otra empoderadora (la de la amiga de mi madre). ¿A cuál habrías escuchado tú?

Esto nos lleva al siguiente capítulo: las famosas e infames etiquetas.

## Capítulo 9

# ¿Cuál es tu etiqueta?

*«Las únicas etiquetas que deberían existir son*
*las que cuelgan de la ropa en las tiendas».*
(Sí, me acabo de citar a mí misma, ¡porque yo lo valgo!).

Como toda hija de vecino, mi vida estaba plagada de etiquetas: «Carmen habla mucho», «Carmen es muy divertida», «A Carmen no se le da bien XXX», «¡Uy, a Carmen se le daría genial YYY!» …

Y suma y sigue.

Lo mejor es que, según en qué entorno estuviera, las etiquetas iban cambiando, y muchas veces incluso se contradecían entre sí. Pero eso no lo descubrí hasta que comencé a viajar. Antes de todo eso, me creía a pies juntillas todo lo que me decían, dejaba que otros me definieran. Admito que me resulta mucho más fácil limitarme a hacer lo que se espera de mí. Es tierra conocida, no tengo que dar explicaciones y nos ahorramos sorpresas inesperadas… ¡Todo son ventajas!

El problema es que más bien son una excusa perfecta para no crecer.

Tengo una amiga muy vaga a la hora de hacer ejercicio o limpiar la casa, de modo que prefiere una vida sencilla en la que no tenga que tomar decisiones. Para ella, que otros decidan y ella ejecute es como un sueño hecho realidad. Siempre dice que es una «Sánchez», refiriéndose a la rama paterna de su familia.

En cambio, su madre es una Pérez. Los Pérez son dinámicos, no pueden quedarse quietos, y también son bastante perfeccionistas. Si el hogar de los Sánchez Pérez no está lleno de basura, sino limpio, ordenado y bien decorado, es porque la madre se preocupa mucho por ello. Y, aun así, siempre tiene tiempo de hacer ejercicio, salir a pasear, etc. En cambio, el padre está siempre sentado, incluso cuando trabaja, ya que es oficinista.

Cuando le sugiero a mi amiga que hagamos algo juntas o nos apuntemos a un programa, unas clases o lo que sea, siempre me responde lo mismo: «Yo no hago esas cosas, soy una Sánchez».

Al principio le recordaba que también es una Pérez en la misma proporción. Al 50 %, para ser exactos. Pero hace poco ya lo hablé con ella más en serio: «Un apellido es solo una etiqueta administrativa. No puedes dejar que tus antepasados te definan, y mucho menos esto que has elegido como excusa porque te resulta más cómodo afirmar que eres una Sánchez que admitir que no tienes intención de mejorar».

Creo que los amigos estamos también para esas cosas, porque abrir los ojos también conlleva un superpoder: la libertad. Su libertad de elegir no ser una Sánchez o una Pérez, sino Ana, la persona que es como le da la gana ser. Y lo mejor de todo: que, además, lo ha elegido ella por sí misma.

Pero no fui consciente de todo esto hasta que me ocurrió algo a mí misma.

## El día que descubrí el poder de las etiquetas

Un día, a mi padre le pareció divertido decir que yo no tenía ni idea de cocinar, así que empezó a repetirlo a todas horas.

¡Una nueva creencia había nacido! Si me veía con un plato que había preparado yo, comentaba: «¡Qué horror, has cocinado!». No sé si fue la forma de decirlo o qué, pero lo cierto es que a mí me hizo gracia, no le vi tanta relevancia.

Hasta que me equivoqué un día cocinando para mis amigas. Entonces todas se rieron y yo admití: «Si ya me lo dice siempre mi padre, que se me da fatal cocinar». Y, por supuesto, la creencia se enraizó.

Una vez que ya me había creído tal afirmación (y, además, con una prueba fehaciente que la corroboraba), mi vida se volvió mucho más fácil, puesto que ya conocía mis supuestos límites. ¿Por qué iba a cuestionarlos?

Cuando me independicé, tuve que enfrentarme a cocinar para mí misma; y, como todo estudiante que ha vivido solo, me pasé el día hablando por teléfono con mi madre y mis tías para pedirles consejos culinarios. En aquella época probé a hacer de todo: lentejas, cocido, hervido, estofado, lasaña… ¡Lo que surgiera!

Y descubrí que, lejos de dárseme mal, lo hacía muy bien. Así que un día me envalentoné e invité a unos amigos a cenar.

Por desgracia, fue un desastre. Hablo de errores garrafales que nunca me habían pasado hasta entonces, como quemar los entrantes o hacer unos filetes garrapiñados tras haber confundido la sal con el azúcar. Así que la vieja creencia sacó sus garras y me las clavó en la espalda todo el tiempo sin que yo me diera cuenta.

Al final, tuvimos que comprar unas *pizzas* en el supermercado de debajo de casa. Y las quemé en el horno.

Obviamente, la versión de mí siendo la peor cocinera del mundo se hizo oficial aquella noche. Después de eso, cada vez que los invitaba a casa, lo primero que me preguntaban era si traían ellos la comida.

Años más tarde, pasé convaleciente unos meses tras una operación en la pierna, así que mis padres me acogieron en su hogar. Como estaba de baja y pasaba muchísimas horas sola en casa, muchos días me encargué yo de preparar la comida. Mi madre siempre decía en voz alta: «Mira qué rico le ha salido el guiso a la nena» (sí, tengo cuarenta años y sigo siendo «la nena»), a lo que mi padre respondía con incredulidad: «¿Que esto lo ha hecho Carmen? ¡*Amos*, venga!».

Hay quienes necesitan meter el dedo en la llaga para creer. Pero mi padre necesita meter el dedo, el puño y el antebrazo entero, con codo incluido. Le resultaba más verosímil pensar que «un señor» de la calle había venido a cocinar una sopa de marisco antes de salir por la ventana mientras dejaba sus manjares detrás que pensar que su hija, «la horrible cocinera», pudiera haber preparado algo comestible.

En cuanto me repuse y volví a irme de casa de mis padres, decidí mudarme a Sudamérica. Nueva página en blanco.

Un día estaba con mi bloc de notas cuando mi compañera de vivienda me preguntó qué hacía.

— Estoy anotando la lista de la compra

— ¿Y qué vas a preparar? —me preguntó—. A mí se me da fatal la cocina.

— ¡Anda, qué casualidad! A mí…

Han pasado más de diez años de aquel momento, y no me preguntes qué pasó por mi cabeza ni por qué, pero puedo asegurarte que, justo cuando iba a decir que a mí también se me daba fatal la cocina, mi boca me contradijo: «A mí se me da fenomenal. De hecho, me encanta. Un día cocinaré para ti».

Tal y como aquellas palabras estaban saliéndome por la boca, mi cuerpo entero entró en pánico. Mi cerebro se puso a gritarme: «¡Noooo! ¡Dile que es broma! No nos expongas de ese modo». Me sudaban las manos y el corazón me iba a mil, pero una semillita se plantó allí. Un atisbo de duda que surgió en una esquina de mi mente.

Porque me había encantado lo bien que sonaba aquello. Soy una persona abierta y adoro recibir gente en casa, pues me chifla cocinar para otros. Por eso me equivoqué una y mil veces: porque, pese a las malas experiencias, nada superaba para mí el placer de tener alrededor de mi mesa a gente a quien quiero.

Y porque la única persona que sí había probado todos mis platos era yo, por supuesto. Y yo sabía que estaban buenos. Lo que no sabía era por qué me equivocaba precisamente los días en los que había invitado a alguien a comer.

Fuera como fuese, decidí dejarlo como estaba.

Empecé a cocinar para mí y, si me sobraba alguna ración, se la guardaba a mi compañera para que la probara. Ella, acostumbrada a la clásica pasta con tomate o a las tristes hamburguesas congeladas, probaba y celebraba cada bocado como un auténtico manjar.

Cuanto más me festejaba, más lejos me atrevía a ir con mis recetas. Total, no tenía nada que perder porque no la estaba invitando, solo estaba compartiendo con ella lo que en realidad había cocinado para mí. Así pues, la presión psicológica se había esfumado.

Hasta que, por fin, un día me tocó cocinar para un grupo de amigos. Cocinar para ellos a propósito. A conciencia. Tenía que decidir un menú, comprar los ingredientes y preparar los platos a sabiendas de que alguien los iba a comer en casa. Y, cómo no, todas mis viejas inseguridades emergieron de golpe.

Recuerdo hacer los preparativos casi al milímetro, hablando en voz alta conmigo misma como una loca: «¿Has puesto la sal? Ya voy, pero primero la pruebo para confirmar que no es azúcar… ¡Perfecto! ¿Y qué tal el tiempo de horno? ¡En su punto!». Di cada paso despacio, de forma meticulosa, consciente de lo que hacía.

Sin embargo, cuando por fin llegaron los invitados y empecé a hacer los típicos preparativos de última hora, los nervios se pusieron realmente en mi contra. Así que empezó a temblarme el pulso y cada dos por tres se me caían los utensilios.

Pero esta vez no dejé que mis inseguridades me dominaran, sino que me forcé a recordar mi nueva identidad: «Eres una gran cocinera, siempre se te ha dado bien cocinar, haces platos deliciosos sin apenas esfuerzo». Aquellos pensamientos me sentaron como un bálsamo relajante, hasta el punto de que la cena fue un éxito. Y yo me convertí, oficialmente, en una gran cocinera.

A partir de entonces, cuando alguien tenía dudas culinarias, acudía a mí. Además, me pedían que llevara algún plato o postre a las reuniones porque «te sale espectacular»; y, con cada éxito, la mano me temblaba un poquito menos, mientras mi nueva etiqueta se encargaba de anular a la anterior. Hasta que un día la mano dejó de temblarme, y yo abracé orgullosa mi nueva identidad.

Esto no significa que no me equivocara otras veces, o que en alguna ocasión un plato no me saliera perfecto, ni mucho menos. La vida es un continuo aprendizaje y todos nos podemos equivocar. De hecho, aprendemos a caminar a base de tropezarnos y caernos, lo cual nos ofrece un adelanto de lo que nos esperara a lo largo de la vida.

Pero la diferencia entre aquellos errores y los anteriores era que, en mi nueva identidad de excelente cocinera, todo el mundo me perdonaba un mal plato. Todo el mundo comprendía que hay días en que un plato se nos rebela y no hay forma de que salga bien. Y aquí no ha pasado nada. Si ni siquiera ellos le daban importancia, ¿cómo se la iba a dar yo? Además, un mal plato no me convertía en una horrible cocinera, sino tan solo en una persona a la que justo aquel día no le había salido bien un plato, pero probablemente mañana sí le saliera.

Con mi antigua identidad, un mal plato reforzaba mi fama de mala cocinera, además de dar pie a chistes y a comentarios del estilo de «tú mejor no te molestes» o «céntrate en escribir, que es lo tuyo». Pero aquello ya nunca volvería a repetirse.

Lo gracioso de todo esto es que mi marido me conoció así, en Sudamérica y con la percepción general de que soy una excelente cocinera. De modo que, cuando viajamos a España y le presenté a mi padre, la conversación entre ellos fue de lo más divertida.

—¡Hoy cocino yo! —anuncié.

—¡Qué bien! —celebró mi marido—. ¡Me encanta! ¿Qué vas a preparar?

—¡Qué horror! —respondió mi padre, a la vez que mi marido me elogiaba—. Mejor voy reservando mesa en un restaurante.

Por supuesto, mi marido puso una cara que fue un verdadero poema.

Mi padre tenía una idea preconcebida muy férrea. Tanto que, incluso después de que yo abriera mi propio restaurante con mi marido Duncan (que es chef), cuando me pedía que felicitara a este último porque un plato le había quedado espectacular y yo le decía que, en realidad, el plato lo había cocinado yo, su respuesta solía ser: «Sí, claro, a tu padre le vas a tomar el pelo...».

Y así muchas veces. No le bastaba con que mi madre, Duncan y yo se lo dijéramos, pues su etiqueta sobre mí resultaba demasiado poderosa.

# Capítulo 10

# Créate una nueva etiqueta

«Perdona por esta porquería de ejemplo, pero se me da muy mal hacer analogías».

Mi amiga Petra sonrió. Lo que ella no sabía es que no solo era mentira, sino justo lo contrario. Se me da muy bien dar ejemplos, lo estarás notando en cada capítulo de este libro. Desconozco si se debe a mi gran imaginación, que entre mis amigas me valió el apodo de «Antoñita, la fantástica», o si es porque siempre me ha encantado contar historias. Tal vez es por haberme dedicado tanto tiempo a la educación, sobre todo en el contexto de barrios humildes, donde no todo el mundo tiene las mismas facilidades educativas de las que yo disfruté. El caso es que cada vez que cuento, enseño o explico algo, busco o creo sobre la marcha un ejemplo «de andar por casa».

A mí siempre me ha parecido que todo concepto se puede (y se debe) explicar con ejemplos sencillos. A Einstein se le atribuye la frase «Si no puedes explicarle esto a un niño de seis años, entonces es que no lo entiendes». Nadie sabe si la dijo de verdad, pero, definitivamente, enseñaba con esa premisa, al igual que el profesor Richard Feynman, ganador del Premio Nobel de Física, cuya metodología se basaba en reducir la física avanzada a conceptos que un niño pudiera entender (y, si no era capaz, consideraba que en realidad él mismo no lo entendía).

Entonces, ¿por qué estaba diciendo al principio del capítulo que se me dan mal los ejemplos? Porque quería adaptarme a mi público, es decir, a mi amiga Petra. Porque, bajo mi punto de vista, para alcanzar el éxito comunicativo, los demás deben entender lo que quiero decir, sin que se produzcan malinterpretaciones. Así que pregunto mucho: «¿Me has entendido? ¿Me he explicado bien?» o «¿qué has entendido?». Porque casi todos los problemas surgen de la mala comunicación o de la falta de ella. Creo que, si todos nos responsabilizáramos de lo que los demás entienden cuando nos comunicamos, habría muchos menos conflictos en el mundo.

Y mi amiga era una persona muy sensible, muy susceptible. Pero muchísimo. Se necesitaba muy poco para que se sintiera ignorada o poco querida. Pensaba que los demás la juzgábamos constantemente y se comparaba mucho con todo el mundo. Si yo daba un abrazo a alguien, ella enseguida sospechaba que no debía de quererla porque a ella no se lo había dado, o no con la misma intensidad que a aquella otra persona..., y suma y sigue.

Yo sentía mucha compasión por ella porque la pobre sufría mucho. Y, aunque tenía miedo de acabar sola, apartaba a las personas de su lado para que no la hicieran sufrir, así que todo el tiempo vivía en una especie de profecía autocumplida.

Volviendo a la frase con la que abrí este capítulo, un día me estaba contando la última pelea que había tenido con su novio, con quien se pasaba el día peleando. Tenían una relación muy difícil, así que intenté explicarle que, si ambos se pasaban el día acusando al otro de sus propias miserias, nunca cambiarían dicho patrón. Le aconsejé que empezaran también a ver (e intentar modificar) su propio comportamiento. Porque se trataban fatal y se hablaban peor, la verdad.

Como siempre, empecé a poner un ejemplo. No recuerdo en absoluto cuál fue, así que me voy a inventar sobre la marcha uno tonto. Digamos que usé una mesa para ilustrar lo que quería explicar (no es el caso, pero me vale como ejemplo). Y, de repente, mi amiga se puso a la defensiva:

—*¿A qué te refieres con eso?* ¿Estás insinuando que soy una mesa?, ¿que soy un simple objeto decorativo?

—No, para nada. Me refiero a que imagines que eres una mesa y que entonces él choca contigo y…

—¿Y qué? ¿Que soy muy grande? ¿Que estorbo? No entiendo por qué me estás diciendo esto. ¿Eso es lo que piensas de mí?

Yo ya estaba casi hiperventilando. Había escogido aquel ejemplo para que se sintiera mejor y más reconfortada, y en cambio resultó que se había quedado en la superficie y la historia le importaba un pimiento.

Era como tratar de enseñarle a un niño pequeño la luna y que, en cambio, él no pare de observar tu dedo índice. Y por más que le digas: «No, cariño, ¡mira lo que estoy señalando, que es muy bonito!», el niño no quita ojo del dedo que no paras de mover de arriba abajo, de modo que ya no sabes si quitártelo y lanzarlo hacia la luna para que vea lo que en realidad quieres mostrarle.

Como mi amiga Petra tenía poca autoestima, todo lo percibía como un ataque, una crítica o ambos a la vez, así que al hablar con ella había que andar con pies de plomo. Por eso la gente se limitaba a alejarse de ella.

Sin embargo, también era creativa y divertida. Y tenía un buen corazón, razón por la cual yo me comunicaba con ella como quien camina sobre cáscaras de huevo. Con mil cuidados.

En el momento en que el ejemplo se estaba saliendo de madre, me acordé de cuando yo misma vivía en un país donde todo el mundo me consideraba una excelente cocinera, mientras mucha gente en el mío aún pensaba que yo no sabía ni freír un huevo. *«¿Y si también para esto pudiera crearme una identidad?», pensé.*

Se me iluminó una bombilla y le dije:

— Perdona por esta porquería de ejemplo, pero se me da muy mal hacer analogías.

Su cara se relajó inmediatamente.

—Podrías haberlo dicho antes —respondió.

Y entonces le expliqué lo que quería decir de verdad. Busqué un ejemplo tras otro hasta que pude transmitir bien lo que quería decirle y lograr que el mensaje de consuelo llegara como pretendía.

Con el tiempo, se me dio cada vez mejor ofrecerle ejemplos sin que se sintiera dolida o que la estaba juzgando o atacando. Pero ya me acostumbré a decirle: «Te voy a poner un ejemplo, pero pido perdón de antemano porque ya sabes que se me dan fatal».

Como su naturaleza era compasiva, cuando yo empezaba con aquellas palabras, ella me escuchaba con otra predisposición. Supongo que pensaba algo así como «la pobre Carmen viene a contarme algo y está tratando de ponerme un ejemplo, pese a que se le dan fatal, así que voy a ser comprensiva».

Quizá estés preguntándote por qué me molestaba en ponerle ejemplos a mi amiga Petra. De hecho, para complicar aún más las cosas, te diré que ella era extranjera y no dominaba muy bien el español, así que incluso a mí me costaba entenderla a veces. Con el tiempo aprendí su forma de comunicarse, sus giros y su acento, sí, pero no me resultó fácil.

Pues bien, el caso es que yo trabajaba a diario con adolescentes muy conflictivos que, tras haber abandonado el sistema educativo años atrás, ahora vivían en asentamientos con casas hechas de metal y cartón. Y ellos sí adoraban mis ejemplos. De hecho, solían decirme que ojalá sus «profes» en el colegio les hubieran hablado tan claro y fácil: «Si la [*inserta insulto aquí*] de mi profesora me hubiera explicado las cosas como tú, lo mismo yo seguiría en el colegio aún».

Así pues, se me daba muy bien ofrecerle ejemplos a todo el mundo..., excepto a ella. Digamos que era nuestro secreto.

Un día, tras contarme otra pelea con su pareja, en cuanto le dije que iba a darle un ejemplo ella respondió riendo: «¡Tú no sabes dar ejemplos!». Me sentí aliviada, pero también una impostora. Aliviada porque la comunicación con ella era mucho más fluida cuando ella pensaba que no podía tomarse mi ejemplo de forma literal. Pero impostora porque no estaba permitiéndole conocerme de verdad. Y, si algo define mi estilo educativo, es que resulta relajado y ameno, pues uso muchas historias para que me entiendan. Creo que todas las páginas de este libro lo reflejan. En *marketing*, hoy se lo llama *storytelling*, y se supone que es «lo último» en comunicación (si los oyera mi abuelo...).

Aquel día aprendí, además, una lección. Recuerdo que pensé: «El mensaje ha calado, una mentira se ha hecho verdad a base de repetirla». Nunca había tenido un ejemplo más claro y evidente de cómo se forman las etiquetas. A su vez, se empezó a gestar en mi cabeza el germen de una idea: «¿Y si, en vez de decirle que se me da fatal poner ejemplos, hubiera dicho que se me da fenomenal el alemán antes de empezar a estudiarlo?».

Tuve la oportunidad de comprobarlo meses después, cuando estaba recorriendo Colombia con mi marido. Teníamos una excursión al día siguiente por el espectacular peñón de Guatapé. Lo malo era el trayecto para llegar hasta allí, pues se trataba de una carretera de montaña llena de curvas en un autobús al que le habría venido muy bien revisar su sistema de amortiguación. Todo el mundo decía que el camino hacia allá era horrible, así que mareo garantizado. Porque, para colmo, yo siempre me mareo en los coches. En serio, es exagerado, creo que he vomitado en todas las carreteras de montaña españolas.

Mis ganas de viajar y explorar sitios nuevos siempre han superado a mi bienestar físico. Si debo pasar un mal trago para llegar a un sitio, suelo pensar que sarna con gusto no pica. Y, pese a ello, el día antes de aquel viaje estaba muy nerviosa. Se me revolvían las tripas ante la mera idea de meterme horas en un autobús para recorrer una montaña.

Pero, de repente, me acordé de mi amiga Petra. Miré a mi marido y le dije:

—Duncan, ¡no me puedo creer la suerte que tenemos de irnos mañana de viaje por una carretera de montaña! ¡Me encantan esos trayectos llenos de árboles y con vistas espectaculares! ¡Y las curvas son tan divertidas...! No como esas horribles autovías tan aburridas y monótonas.

Me miró con extrañeza unos segundos, pero en seguida entendió lo que estaba haciendo y me siguió el juego:

—Sí, cariño, y esas subidas y bajadas donde estamos como en una montaña rusa y dan ganas de levantar los brazos y gritar: "Ooooh". ¡Es genial! ¿Verdad?

Así que pasamos la noche anterior hablando de lo maravilloso que nos parece viajar en autobús, sobre todo en los viajes de montaña. A veces íbamos demasiado lejos describiendo las sensaciones y a mí me daba una pequeña arcada, así que aflojábamos para después retomarlo. La idea era estar deseando que llegara aquel momento, no esperarlo como un cordero que va a su sacrificio.

Al día siguiente, montamos en el autobús, en cada uno de cuyos asientos habían puesto una «bolsa para el mareo», ya sabes, una sutil manera de decir: «Como sabemos que os vais a marear, aquí tenéis una bolsita para echar el desayuno».

De primeras, se me hizo un nudo en el estómago, pero entonces vino mi dulce Duncan al rescate:

—Ooooh, nos han dado bolsitas para que guardemos nuestras cosas, ¡qué majos!

Nos dio un ataque de risa y luego pasamos todo el viaje disfrutando de las vistas. Cuando me daba sensación de mareo, enseguida volvíamos a aquel lugar imaginario que habíamos creado en el que a mí me gustaban mucho más los trayectos de montaña que los de autovía.

Creo que fuimos los únicos que no nos mareamos en todo el trayecto. Y, en el fondo, sospecho que fue porque la compañía había sido tan amable de regalarnos unas bolsitas como *souvenir*, ¿cómo íbamos nosotros a estropearlas?

Desde aquella ocasión, cada vez que me enfrento a un viaje con probabilidades de marearme, hago lo mismo.

Por otro lado, me sirvió como la prueba irrefutable de que somos quienes queremos ser. De que, si nos creamos etiquetas sobre la marcha, nuestra mente y nuestro entorno actuarán en consecuencia.

Ya hay mucho escrito sobre el poder de la mente, así que yo solo aspiro a añadir mi granito de arena invitándote a probarlo. Cuando controlas tu diálogo interno, la vida se confabula para que todo lo que piensas suceda.

Por tanto, ¿qué te parece si nos creamos a partir de ahora una nueva etiqueta para decir que no?

**Reto personal:**

Recuerda que siempre intentaremos adaptarnos a la etiqueta que nos han asignado. Si te consideran el divertido de tu grupo de amigos, siempre estarás de buen humor y contando chistes. Si te consideran el inteligente, probablemente tus conversaciones serán muy profundas e interesantes. Nos gusta lo predecible y asimilar el rol que nos han asignado.

Así que te propongo un reto: ¿qué o quién te gustaría ser? ¿Cómo te gustaría que te consideraran? Toma la firme decisión de convertirte en esa etiqueta, cuéntaselo a la gente, en especial a los que no te conocen mucho, empieza a generar esa expectativa en los demás y te aseguro que te sorprenderá el resultado.

Si tienes hijos, te recomiendo que pruebes a «asignarles» etiquetas positivas. Haz hincapié en su capacidad de liderazgo, su carisma y su compasión, y regálales la libertad de vivir dentro de una etiqueta que les haga querer ser mejores personas.

PARTE IV

# APRENDIENDO A DECIR QUE NO

# Capítulo 11

# El día que exploté

¿Sabes esos días en los que te despiertas con una energía inusitada, recibes un ingreso que no esperabas, sales con el coche y todos los semáforos están en verde, y te llama alguien a quien quieres mucho y con quien hace años que no hablabas?

Esos días en los que parece que los astros se han alineado a tu favor para darte una sobredosis de cariño. Esos en los que no puedes creerte tu buena suerte.

¿Y sabes esos otros en los que de buena mañana tienes una bronca con tu pareja, sales y te tropiezas en la calle, tu compañía telefónica te ha cobrado un sobrecargo y tienes que llamar a «Desatención al Cliente» para escuchar durante seis minutos un mensaje enlatado antes de que te cuelguen una vez más, y para rematar te caga un pájaro encima?

Todos hemos tenido ambos tipos de días.

«Siento mi silencio, te estaba recolocando en mi vida». Recibí ese mensaje siete meses después de haber pasado lo que yo consideré unos días preciosos de vacaciones con unos amigos, en los que hice de anfitriona. Dijeron sentirse abrumados por mi hospitalidad y admitieron que hacía mucho que no se sentían tan queridos. Lloramos mucho al separarnos.

Y, sin embargo, siete meses después recibí aquel mensaje por parte de uno de ellos. Como podrás imaginar, no entendía nada. Supuse que yo había hecho algún comentario que le dolió, o que no me había mostrado empática con alguna situación. Incluso me atreví a sospechar cuál, porque hubo un momento de las vacaciones en que una de ellos me dijo: «¡Estoy teniendo un ataque de ansiedad!». Por una tontería que además tenía solución.

Mi respuesta fue en plan «pero no merece la pena sufrir por algo así, que además podemos solucionar de este modo».

Así que a mí, que siempre me he considerado empática, por primera vez me acusaron de no serlo. Y cómo me arrepiento de ello. Porque lo pagué con creces.

En realidad, conjeturo con que quizá fue eso, pero pudo haber sido cualquier otra cosa, porque no me lo aclaró. De hecho, añadió a su mensaje: «No procede hablarlo por teléfono, ya te lo diré algún día en persona». El problema era que nos vemos en persona una vez cada varios años. Básicamente, y sin dar explicaciones, estaba rompiendo nuestra única vía de comunicación tras haberme castigado con su silencio sin yo saberlo (muchas veces, pasamos meses sin hablar, pero no porque estemos mal, sino porque así es la vida).

Lo primero que hice fue disculparme por haberle hecho daño. Para mí, mi gente es muy importante, así que lo último que quiero es que sufran por mi culpa. Si descubro que he hecho daño a alguien, me falta tiempo para disculparme de todo corazón.

En un mundo ideal, yo sería perfecta y nunca haría daño a nadie. Pero, en mi mundo terrenal, meto la pata mucho, y no me cuesta nada reconocerlo e intentar arreglarlo.

Sin embargo, esta persona me regaló una *falsa disculpa*. Y esas me superan.

## Las falsas disculpas

Si quieres reconocer la diferencia entre una disculpa verdadera y una falsa, enciende la tele.

Una disculpa verdadera habla de los actos de la persona que se está disculpando: «Siento haber dicho eso», «Siento haberme comportado así», «Siento haberte hecho daño» … En una disculpa de verdad, la persona reconoce lo que ha hecho y las consecuencias de sus actos, y pide perdón con sinceridad.

En cambio, las falsas disculpas son las favoritas de los políticos. Estas se producen cuando dicen o hacen algo que les explota en la cara y, en vez de rectificar, «se disculpan» afirmando: «Yo quería decir esto otro, pero, si alguien me ha malinterpretado y le ha dolido lo que en realidad él ha interpretado mal, le pido disculpas». Es decir, la culpa es de los demás, que no me han entendido, y yo pido disculpas por su malinterpretación.

Las falsas disculpas son como decirle «te quiero» a alguien mientras miras a otro lado. No son creíbles. No vienen del corazón. No cuelan.

En su versión más sutil, una falsa disculpa se parece a decir: «Siento que te sientas así» o «siento que lo entiendas así». Que, básicamente, significa: «Yo no he hecho nada malo, así que, si tú estás triste tras nuestra conversación, es porque tú lo has malinterpretado, de modo que básicamente es tu problema». Fabuloso.

Luego me recriminó que por qué tenía ella que pensar en mis sentimientos si yo ni siquiera le había preguntado qué había ocurrido (algo que, por otro lado, ya me había dicho que no me quería contar por vía telefónica). Así que me disculpé una vez más por haberla herido. Y le supliqué que charláramos por videollamada para que me contara. Cuando tuviera tiempo para hacerlo tranquila.

Cuatro meses más de silencio.

Y llegó su cumpleaños.

Tres días antes, empezaron las dudas y los miedos: «¿Finjo que no ocurrió nada y la felicito igualmente? ¿No la felicito y me hago la ofendida? ¿Le recuerdo que estoy a la espera? (¿Pero acaso no sabe ya que lo estoy?)».

Para mí, era un terreno totalmente desconocido. Se suponía que había necesitado siete meses para «recolocarme» en su vida (sigo sin entender qué significa eso o qué lugar ocupo). Y me había dejado cuatro meses más esperando la llamada. Bajo mi punto de vista, la supuesta recolocación sonaba más bien a expulsión.

Al final, decidí mandarle un mensaje desde el corazón, porque suelen ser aquellos de los que nunca nos arrepentimos: «Feliz cumpleaños. Te quiero mucho y te deseo lo mejor, para hoy y para toda tu vida».

Si ya me encontraba fuera de su vida, al menos quería despedirme de ella con el amor que sentía, y por todo lo vivido.

Su respuesta me dejó helada: un mensaje lleno de corazones y gratitud con un «a ver si hablamos con calma pronto».

No un «¿quieres que hablemos hoy a las 7?».

No un «la semana que viene tengo un hueco, ¿te viene bien para hablar?».

No, nada de eso, sino un «a ver si».

*A ver si.*

Tras casi un año sin hablarme y el drama de cuatro meses antes, me lanza un «a ver si», como si nada.

Y justo en aquel momento las enseñanzas de este libro me alcanzaron como un rayo y respondí: «Mejor no». Le dije que estaba aprendiendo a vivir sin ella, que había asimilado la ruptura y que, aunque la querría siempre, su silencio me había roto el corazón y un «a ver si hablamos» solo me hacía más daño, sobre todo cuando llevaba esperando una llamada desde hacía cuatro meses.

Sí, me rompió el corazón. Porque se dice que no hay mayor desprecio que no hacer aprecio, y algunas personas dejan de hablarte cuando se ofenden. No te dicen el porqué, no te informan de que están dolidas, simplemente piensan: «Me ha hecho esto y no pienso hablarle hasta que me pida perdón, ya se dará cuenta de que no le hablo».

A esto se lo conoce como agresividad pasiva o tratamiento pasivo-agresivo. Te agreden con su silencio y acaban borrándote de su vida, hasta que tú solito te des cuenta y llegues hecho polvo sin entender nada a preguntar qué horrible error cometiste que mereció juicio y sentencia en celda de aislamiento sin derecho a defensa.

Pero de aquella amiga no lo esperaba porque yo sabía que en su propia casa se lo habían hecho varias veces de pequeña y sufrió mucho.

El remate vino cuando me respondió que no había cambiado nada entre nosotras, que nuestra relación seguía como siempre, que yo no había entendido nada (en eso estamos de acuerdo, porque sigo sin entender nada). Y, por si fuera poco, me dio otra falsa disculpa: «Lamento que te sientas así y respeto tu dolor, pero no puedo responsabilizarme de él, porque siento una injusticia hacia mí y no me siento comprendida».

Vamos, que, una vez más, era culpa mía no entender aquel galimatías emocional.

Por supuesto, no detectó la ironía de que en ambas conversaciones yo me había disculpado de corazón varias veces por hacerle daño, mientras que ella ni una sola. Que me había hecho cargo de su dolor y ella había decidido ignorar el mío, excepto para «reconocerme el derecho a sufrir que todos tenemos».

Y, claro, mi sufrimiento estaba en mi cabeza. En cambio, el de ella y las composiciones mentales que se había hecho en su refugio de silencio no lo estaban. Por lo visto, su dolor era real y el único que ameritaba un reconocimiento y una disculpa.

Así que, por una mezcla de higiene mental y paz interior, decidí «recolocarme» yo solita afuera (donde, a fin de cuentas, ya estaba, porque llevaba meses sin poder mandarle nada en absoluto, ni siquiera un meme gracioso o un «he visto esto y me he acordado de ti»..., nada).

Y hoy sigo como estaba antes de su cumpleaños, solo que al menos ahora ya sé que no va a haber ninguna videollamada, mientras que antes me quedaba ese cierto rayito de esperanza ante algo que yo desconocía que nunca iba a ocurrir. Por otro lado, ya de paso, aprovecho para retomar un poquito la sensación de control. La de no estar a merced de las emociones de alguien que no me tiene la confianza suficiente como para compartir qué narices pasó.

Muchas veces he deseado que en su momento me lo hubiera dicho. He pensado que un «oye, esto me ha dolido» se habría solucionado en un rato y que nuestra amistad habría salido más reforzada. Porque es lo que tienen los momentos desafiantes donde se habla con el corazón en la mano: que tienden a unirnos, incluso si la conversación se inició a raíz de un conflicto.

Pero las disculpas falsas… Buf…

Es más, me di cuenta de que aquella no era la primera vez, sino la guinda de un pastel que se llevaba cocinando desde hacía años. Recordé todas las veces que en el pasado se había enfadado conmigo y me había levantado la voz, a veces en presencia de otros.

Y yo no grito. Rara vez me verás gritar a alguien.

En todas aquellas ocasiones, yo había pasado de quedarme en *shock* a estar dolida. Y, a ella, verme llorar no la aplacaba ni un poquito (digo «verme» porque ella no *me hacía* llorar, sino que *eran mis procesos*, por lo visto).

Hace años que me di cuenta de lo susceptible que era esta amiga, así que siempre medía mucho mis palabras, hasta el punto de que a veces me daba la sensación de estar caminando sobre cristales rotos: «¿Cómo puedo decir esto para no herirla? ¿En qué momento me va a escribir para preguntarme si estoy enfadada porque hace meses que no hablamos?». Sentía que todo lo que yo decía o hacía estaba bajo escrutinio. Y, aun así, los buenos ratos me compensaban con creces.

Sin embargo, aquel último conflicto me hizo verla con un prisma que nunca había usado, como si se me cayera una venda de los ojos. Si yo le comentaba que algo me había hecho daño, ella me ventilaba con un «no tengo que aguantar tus reproches». Si era algo del pasado (aunque el pasado fuera la semana pasada), la respuesta giraba en torno a que «esa persona ya no soy yo, no tengo por qué disculparme por cosas pasadas, cuando he cambiado».

En cambio, ella no consideraba que lo suyo hacia mí fuesen reproches. Y, aparentemente, yo debía de ser la misma persona desde hacía veinte años, porque estaba claro que en mí el tiempo no pasaba a la hora de que ella me recriminase cosas.

Así pues, en todas aquellas discusiones, ella se cargaba de razón, se crecía e incluso me respondía airada y subiendo el tono. Y yo siempre me disculpaba por todo mientras rompía a llorar porque no estoy acostumbrada a que me hablen así.

Justo lo mismo que estaba ocurriendo en aquel último conflicto. Y, mientras me disculpaba por todos los errores pasados e intentaba facilitar una conversación para reconciliarnos, ella seguía sentada en su trono de la razón y la verdad absolutas. De modo que, cuando le dije que castigar a otros con el silencio resulta muy doloroso, me respondió que no tenía por qué darme explicaciones de sus procesos emocionales.

En aquel momento comprendí que yo siempre llevaría las de perder. Que nuestra relación nunca había sido igualitaria, como yo pensaba, sino que me había convertido en una especie de saco de boxeo en el que ella volcaba sus frustraciones. Que yo nunca habría podido prever qué palabra, mirada o situación desencadenaría un ataque iracundo o un silencio pasivo-agresivo.

Que nunca se había disculpado por hacerme daño, porque en realidad siempre había creído tener la razón.

Que las cosas que me dolían de ella no podía decírselas porque «eran reproches» o porque «ella ya no era la misma de hacía seis meses».

Que mi corazón se había roto demasiadas veces y yo ya estaba cansada de pedir perdón.

Hay muchas cosas por las que le estaré eternamente agradecida, y una de ellas fue esta última conversación, porque me hizo reevaluar mi vida entera. Me dio el regalo de la tan anhelada libertad emocional que necesitaba, a través de un «no» que ya no sonaba a egoísmo, sino a sanación pura. A un dolor similar al que sientes cuando te viertes agua oxigenada en una herida: escuece, pero también cura y es por tu bien.

Y lo que vino después se convirtió en la experiencia más liberadora que hubiera podido soñar.

## Reclama tu valor

Aquel mismo día me detuve a revisar mi vida: «¿Por qué la gente asume que me puede hablar fatal o pisarme cuando le dé la gana? ¿Qué tipo de energía estoy proyectando?».

Abrí mis mensajes de WhatsApp y LinkedIn y no tardé en encontrar la respuesta en ellos:

— Una *coach* a la que pagaba un dineral me había dicho: «¿Hablamos el jueves a la misma hora?». Yo le había respondido cinco días antes: «A mis ocho tus seis, ¿no?». Y nunca me respondió.
— A una clienta potencial con quien tengo amistad, a la que le había ofrecido una llamada gratuita y una revisión de su LinkedIn, a quien le había ofertado un precio especial y aportado mucho valor desinteresadamente, me estaba dando mil excusas para no pagarme el depósito inicial. Y no solo eso, sino que, ya directamente, ni respondía a mis mensajes, pese a que estamos en un grupo juntas donde sí se mantiene activa.
— Una mujer que trabajaba en una corporación y quería empezar a montar su negocio *online* para terminar dejando su trabajo en el futuro me había contactado para una llamada. En el cuestionario previo, a la pregunta «¿Cuánto estarías dispuesta a invertir para mejorar tu negocio?», había respondido: «Por ahora, nada; pero, una vez que tenga el negocio funcionando, sí" (*nos ha jodío…*). Vamos, que quería que yo, una desconocida, trabajara gratis para ella, es decir, que invirtiera en su negocio más que ella misma.
— Una coach amiga necesitaba ayuda con su negocio y no tenía dinero, así que me pidió consejo. Pero ya había recibido mi ayuda en el pasado y, pese a ello, jamás había usado mis consejos porque, según ella, estaba pasando un momento personal duro.
— Un miembro de mi familia sola y exclusivamente se acordaba de mí cuando necesitaba un favor, nunca para charlar o para hacer planes divertidos.

¿Ves un patrón ahí? Porque, cuando yo vi todo eso junto, me llevé las manos a la cabeza: la gente confundía mi voluntariedad con servilismo y pagaba mi naturaleza generosa con abuso.

De repente, me recordé en la universidad, estudiando sin descanso para los siguientes exámenes y viendo a mis compañeros estudiar con fotocopias de mis apuntes. Y me acordé de un amigo que me dijo: «Serías la secretaria perfecta». Aquella observación me dolió particularmente porque él se trataba a sí mismo como un ejecutivo, pese a que ambos íbamos a la misma clase. Vamos, que, por lo visto, él iba para ejecutivo y yo para secretaria.

Cuando vi mis mensajes, entendí una vez más que nosotros creamos nuestra realidad y nuestro destino. Y ahí dije «basta».

— Cuando la *coach* no se presentó a nuestra llamada y me dijo: «Perdona, no lo tenía agendado», le propuse otra fecha; y, una vez más, no me contestó. Al día siguiente le escribí para decirle que mi tiempo vale mucho, que si no me respondía a los mensajes no me extraña que no agendase nada, y que si aquella iba a ser la dinámica prefería dejarlo allí. Con aquel mensaje y aquel «no», estaba *haciéndome respetar.*
— Escribí a mi posible cliente para decirle que lo había pensado mejor y que creía que no éramos compatibles para trabajar juntas. No le expliqué mucho más, pero para mí aquel inicio reflejaba cómo iba a ser el trabajo juntas; y, a mí, que un cliente remolonee para pagarme, haga llamadas más largas de lo habitual y además no me responda a los mensajes me parece un cúmulo de señales de alerta. Curiosamente, tardó un minuto en responder a aquel mensaje (por supuesto, con una falsa disculpa: «Siento que lo veas así»). Con aquel «no», estaba recordándome que *merezco que me traten bien y no andar detrás de los demás.*
— A la mujer que quería la llamada pero no invertir dinero, le escribí: «Acabo de leer tu cuestionario. ¿Significa que quieres que trabaje gratis para ti?». Con aquel «no», me (y le) recordé que soy una profesional y que *mi tiempo vale dinero.* (Sí, sé que hay mil maneras mejores y más asertivas de responder a ese tipo de mensajes, pero a veces yo también me dejo llevar por las emociones).
— A la *coach* amiga que no había usado mis enseñanzas previas le dije: «Yo no dejaría nunca a una amiga tirada, pero necesito que compartas el riesgo conmigo, porque en el pasado yo ya puse mi tiempo y mis conocimientos a tu servicio y los perdí,

así que ahora te pido un compromiso total». Me respondió que entonces prefería prescindir de mi ayuda. Con aquel «no», estaba *marcando límites.*

— Respecto a lo que le respondí a mi familiar, de eso hablaré en otro capítulo.

Y nada de aquello habría ocurrido si alguien a quien quiero mucho y que me había «recolocado» de patitas en la calle de su vida (aunque, supuestamente, todo sigue igual para ella) no hubiera cumplido años aquel día. Decirle que no a alguien tan querido me sirvió para darme cuenta de cuántos noes había estado evitando dar.

Así pues, recuerda que, de un modo u otro, siempre estás diciéndole que no a alguien; porque, cuando te resistes a decirles que no a los demás, te lo estás diciendo a ti mismo. Y yo llevaba demasiado tiempo diciéndome que no. A todas horas. Por doquier.

Es hora de empezar a decirme que sí a mí misma.

Y espero que tú también lo hagas.

Capítulo 12

# Las creencias que te impiden decir que no

Este capítulo me afecta mucho porque he tenido todas estas creencias y más. Me refiero a ese tipo de creencias limitantes que nos creemos a pies juntillas y que salen a la luz en cuanto intentamos decir que no. Así pues, te invito a explorarlas de cerca a continuación.

## Si dices que no, eres egoísta

Supongo que esto te suena. Ser una buena persona implicaba obedecer a papá, a mamá y a los profesores. Ser obediente, dócil y…, claro está, decir que sí a todo.

Los estudiantes rebeldes y los hijos desafiantes son quienes dicen que no.

Y también son quienes «hacen sufrir» a sus padres. Y ya sabemos que hacer sufrir a alguien te convierte en un egoísta.

Nos acostumbramos a decir que sí a todo, incluso en contra de nuestra voluntad (y poniendo buena cara, que no se te olvide), y asumimos que negarnos a algo nos convierte automáticamente en los malos de la película. Si no fuéramos «tan egoístas», no habría habido conflicto.

Por otro lado, nos transmiten un mensaje muy claro desde la infancia: «Ama a los demás como te amas a ti mismo». ¿Significa eso que debo hablarles mal, ignorar sus necesidades y poner buena cara mientras lo hago? Porque eso es lo que la mayoría de la gente hace. Es lo que nos enseñaron.

Porque, en realidad, no nos educaron para tener amor propio, escuchar nuestras necesidades, negociar términos..., sino más bien para que obedeciéramos sin rechistar. Y luego nos lanzaron al mundo, confiando en que, como adultos, sí supiésemos poner límites para no quemarnos. Pero ¿cómo o cuándo se supone que aprendimos esto último?

Yo aprendí a base de ensayo y error, de equivocarme mil veces, de leer mucho, de aprender comunicación no violenta y, sobre todo, de no dejarme influir por la frustración de los demás. Pero no puedo decir que me lo enseñaron de pequeña.

Definitivamente, no. Negarte a algo no te convierte en egoísta. Tener amor propio no es egoísmo. Y hacer las cosas a regañadientes o sintiéndote forzado tampoco te convierte en una persona generosa y altruista, sino que más bien consigue todo lo contrario: generarte rencor.

## Cómo tener amor propio sin «ser egoísta»

Tengo el firme convencimiento de que nacemos con una especie de brújula interna que nos lleva por el buen camino todo el tiempo. Pero nuestra sociedad no se caracteriza por la conexión con el entorno, la naturaleza o nuestras señales internas, sino más bien al contrario.

Cuando nacemos, nadie nos ha de decir cómo comer o ir al baño, ya que es puro instinto. Al igual que nadie nos ha de enseñar la diferencia entre el bien y el mal. Sé que lo que acabo de escribir puede resultar polémico, porque la base de la educación consiste en enseñar a nuestros niños qué está bien y qué está mal. Pero, en realidad, todos nacemos con esa distinción dentro. Cuando nos aman y amamos, nos sentimos bien. Cuando somos crueles o hacemos daño a alguien, nos sentimos mal.

Quizá estés pensando: «Vale, pero todos hemos visto a alguien ser cruel y disfrutar de ello, ¿no?». Sí y no. Por lo general, las personas que dañan a otros (los *bullies*, por ejemplo) suelen estar muy dolidas. En muchas ocasiones, son víctimas de otras personas, lo que significa que sus ataques surgen de una rabia y una frustración mal canalizadas. Por tanto, más que la diferencia entre el bien y el mal, lo que sí veo importante es enseñar a la gente a gestionar sus emociones.

¿Recuerdas cuando tu hermano te pegaba de pequeños? ¿O cuando te robaba los juguetes? ¿Te acuerdas de aquella sensación de injusticia y rabia? ¿Y de lo bien que te sentías cuando le devolvías el golpe, volcando toda tu rabia con orgullo, porque además estabas haciendo justicia social?

Por otro lado, ¿recuerdas los abrazos de tu abuela? ¿O cuando tu hermano te defendía de otros? ¿O cuando venían los Reyes Magos? ¿No te sentías genial también en estos tres casos?

Probablemente, te sentías muy bien tanto cuando devolvías el golpe como cuando tu abuela te abrazaba, tu hermano te defendía o los Reyes Magos venían. Pero la sensación agradable del primer caso (devolver el golpe) era muy diferente a la de los otros tres, ¿verdad? Cuando el bienestar surge de un momento de conexión, de amor puro y de sentirte protegido, es como una ola de felicidad que surge en el pecho y te recorre el cuerpo entero. Es un sentimiento expansivo porque crece y te da alas, que te hace sentir como si estuvieras flotando.

Cuando el bienestar proviene de vengarnos de alguien, el sentimiento se genera en el estómago, porque se trata de una alegría amarga y ácida. El pecho no se expande; de hecho, es una sensación contractiva porque a su vez sentimos que el corazón sufre, notamos una opresión, como si tuviéramos un peso encima (se llama «culpabilidad»), pero preferimos ignorarlo y centrarnos en la falsa felicidad que experimentamos.

De hecho, como la cara es el espejo del alma, cuando el bienestar surge de algo inequívocamente positivo, todos nuestros músculos se relajan mientras parece que el corazón va a salirse del pecho, y nuestra expresión se vuelve de pura felicidad.

En cambio, cuando surge de algo más negativo, nuestra cara muestra una mueca forzada. Así como la risa verdadera nos rejuvenece, la risa amarga nos afea muchísimo porque no es sincera (piensa en la risa impostada del «malo de la película», comparada con una risa genuina).

Conclusión de perogrullo: Cuando hacemos el bien, nos sentimos bien; cuando hacemos el mal, nos sentimos mal.

Por otro lado, ¿acaso no estamos diseñados para buscar el placer y evitar el dolor?

A partir de ahora, quiero que empieces a escuchar tu cuerpo, porque lo que acabo de explicar es crucial para que aprendas a decir que no.

Cuando decimos de todo corazón que sí, surge en el pecho ese sentimiento expansivo. Y, cuando nos sentimos forzados a decir que no, surge el otro sentimiento: el de la injusticia, el de la opresión en el pecho, que muchas veces también nos oprime la garganta (eso ocurre cuando en realidad quieres decir que no y, además de verte obligado a aceptar, tienes prohibido negociar o poner mala cara).

La próxima vez que alguien te pida algo, revisa tus sentimientos: ¿son expansivos o contractivos?, ¿notas un nudo en la garganta?

Si tienes sentimientos expansivos y son sinceros, cuando hagas lo que te está pidiendo esa persona, lo vas a hacer de verdad con amor, y te vas a sentir mil veces mejor, porque eso sí será una expresión de tu amor hacia el otro.

Por el contrario, si notas una opresión en el pecho, que el corazón y la respiración se te aceleran, que parece hacérsete un nudo en la garganta y te están pasando a la vez por la cabeza los mil motivos por los que no puedes hacerlo, eso indica que lo vas a hacer a regañadientes. Es más, incluso gestando cierto rencor hacia quien te lo pidió, lo que os resultará perjudicial tanto a ti como para al otro. Así pues, ahí tienes una ocasión perfecta para decir que no con antelación.

Todavía recuerdo un día en que mi hermano se estaba haciendo el desayuno, yo llegué a la cocina y lo vi sirviendo café de la cafetera, así que le dije:

—¡Ay, qué rico! ¿Me puedes servir uno, por favor? —Él ni respondió. Yo estaba segura de que me había oído, pero no entendía por qué no contestaba, así que insistí—: ¿Mario?

Solo entonces me respondió, irritado, con un seco «¡Voy!».

—Bueno, no hace falta, ya me lo hago yo —dije, dejando claro que había captado su malestar.

—¡He dicho que voy! —se reafirmó, antes de darme la taza con tal fuerza que parte del líquido salió despedido—. ¡Toma! ¡TU café! Y yo me voy a comer MIS tostadas frías.

Tras desayunar, me pidió disculpas y alegó que se había levantado hambriento, se había hecho el desayuno y, uno tras otro, habíamos entrado pidiendo un café porque él estaba junto a la cafetera. Cuando fue a servirse el suyo, ya no quedaba y tuvo que hacer otra cafetera mientras sus tostadas se estaban enfriando.

Para cuando yo le pedí el café, ya estaba harto y enfadado, porque tenía aún más hambre, el desayuno se le había enfriado y no paraba de oler un café que no podía tomar porque nos lo estaba sirviendo a todos. Al final, estaba toda la familia desayunando menos él, que era quien en realidad se había levantado primero.

Dicho así, entiendo su frustración y que me odiara por pedirle un café, pero ¿no habría sido mejor que me dijera otra cosa? Por ejemplo, «No, Carmen. Me encantaría, pero ya he servido muchos y se me está enfriando el desayuno, así que no te lo haría con cariño». Palabras como esas te ayudan a conectarte de forma simultánea con tus sentimientos y con tus necesidades, a la vez que das pie a que otros te ayuden si estás sobrepasado (como era el caso).

# Capítulo 13

# ¿Sabes recibir un «no»?

Antes de meternos en materia sobre cómo negarte sin culpabilidad ni dañar a otros, conviene hacer un poco de trabajo personal.

Porque no podemos pedir a los demás lo que no estamos dispuestos a dar.

Si la gente ve que te sabe a cuerno quemado que te digan que no, si ve que debido a eso respondes mal o reaccionas de un modo que los incomoda, es posible que terminen diciéndote que sí solo por compromiso. Y, como resultado, entonces les molestará muchísimo cuando seas tú quien les diga que no. Porque, de alguna manera, al «exigirles» que nunca te nieguen nada, pierdes el derecho a negarles tú algo, si se da el caso.

Soy muy fan de predicar con el ejemplo. Es lo que yo llamo «coherencia».

He conocido a mucha gente que se siente orgullosísima de decir que no, hasta el punto de que a veces incluso hacen toda una afirmación al respecto: «Estoy aprendiendo a decir que no, así que no voy a ir a la cena. Y espero que lo entiendas». Claro, a ver quién les tose cuando te dicen algo así. Aunque, curiosamente, luego ellos sí se enfadan cuando eres tú quien les dice que no.

Hay una bloguera estadounidense que escribe siempre ensayos muy personales con un estilo puro y sincero que me encanta. Como lleva años escribiendo artículos, tiene un público muy fiel, y además es amiga de muchos otros blogueros.

Un día decidió que quería hacerse una operación (en gran parte, por estética; en gran parte, por motivos de salud). Como es habitual en Estados Unidos, costaba un ojo de la cara, parte del otro y casi que las dos piernas también. Así que decidió pedir donaciones a sus lectores, cosa que me parece muy bien, pues llevaba años compartiendo sus artículos con ellos gratis (qué mínimo que pedirles ayuda cuando la necesitaba).

De hecho, una de las cosas que comentó en aquel artículo donde pidió ayuda fue que estaba aprendiendo a pedirla, pues no estaba acostumbrada a ello. Le costaba muchísimo mostrarse vulnerable y reconocer que no podía con todo ella sola.

Hasta ahí todo bien. Aunque no soy del todo partidaria de compartir con los demás nuestros procesos emocionales antes de solicitar las cosas, porque entonces parece que los estamos condicionando a decir que sí. Creo que es mucho mejor pedir y, una vez que acepten, comentar a nivel anecdótico el viaje personal que estamos atravesando.

Pero esa no es la cuestión. La clave está en qué hacemos cuando nos dicen que no. Eso es lo que nos define como personas.

En el caso de esta chica, le doné cierta cantidad porque quería apoyarla, al igual que hicieron docenas de personas que la habían leído (quizá cientos, eso nunca lo sabré).

Al día siguiente, encontré otro artículo de otra bloguera en el que pedía apoyo para su amiga. Me pareció precioso. Incluso me planteé si no podría yo misma escribir algo para apoyarla.

Y, de repente, recibí una notificación en el móvil: la bloguera estadounidense de las ayudas había publicado otro artículo. Pensé que sería de agradecimiento a sus fans…, pero no podía estar más equivocada. En realidad, lo había escrito para hundir a otros dos blogueros.

Entonces me enteré (junto con el resto del mundo) de lo que había ocurrido entre bambalinas.

Al parecer, los escritores más «guais» de la blogosfera tenían un grupo privado donde compartían trucos, consejos, artículos y demás. Allí se recomendaban unos a otros, se contaban las últimas novedades en las plataformas *online*, etc. Era como un club vip de la flor y nata de los blogueros.

El día antes de lanzar su artículo con la petición, ella escribió en el grupo privado pidiendo a todos sus «compañeros» que la apoyaran escribiendo un artículo donde solicitaran donaciones para su causa. Pero dos de ellos se negaron. No sé con exactitud qué razones adujeron, pero fue algo del estilo de «no me siento cómodo escribiendo sobre este tipo de cirugías; te apoyo, pero yo lucho por otras causas». Ambos le donaron dinero, pero no quisieron poner al servicio de ella a sus respectivas audiencias.

Y ahí es cuando la cosa se puso interesante. De hecho, hasta ese punto yo podía entender que a ella le molestara que los chicos no respondieran como ella esperaba. Pero lo que hizo le quitó toda la razón: escribió un artículo poniendo a parir a ambos. Así, con nombres y apellidos. Nunca he visto un intento más bestia de intentar arruinar la reputación de alguien solo porque te haya dicho que no a algo. A eso lo llamo yo una rabieta de niño pequeño. Solo que extrapolado al mundo de los adultos (y, para colmo, por Internet).

Pero lo peor fue que la cosa se le fue de las manos. Hordas de sus seguidores, azuzados e invitados a odiar, comenzaron a mandarles mensajes horribles a ambos blogueros. Los *haters* de los dos acababan de encontrar en aquel *post* vía libre para soltar su ponzoña. Hasta el punto de que los atacados se vieron en la obligación de escribir artículos justificando por qué no habían querido escribir abiertamente sobre la causa personal de la otra bloguera.

Al final, la plataforma la obligó a borrar su artículo por violar las reglas, pero los ataques y los mensajes cruzados (esta vez usando lenguaje en código) continuaron por un tiempo.

En aquel momento, yo estaba comenzando una amistad con uno de los chicos objeto del ataque. Le escribí enseguida para ver cómo estaba, y me dijo que bien. Pero yo sabía que no era cierto, pues él es de naturaleza sensible y muy entregado a los demás. Había que ser de piedra para que no te afectara un artículo de aquellas características. Claro que le afectó.

Al principio, yo había sentido compasión por la situación que la bloguera estaba atravesando, comprensión por lo difícil que debió de haberle resultado pedir ayuda y alegría por todas las donaciones que estaba recibiendo. Incluso podría haber sentido dolor si me hubiera enterado de que amigos suyos se habían negado a ayudarla.

Sin embargo, todo se fue al garete cuando vi que su petición de ayuda no era tal, sino más bien una imposición. En su cabeza, lo difícil era pedir ayuda por miedo al rechazo o a depender de otros, pero no se daba cuenta de que, si no sabes recibir un «no», pierdes tu derecho a decírselo a otros.

Y ojo, que lo entiendo. Recibir una negativa escuece mucho. Pero te aguantas, y punto. Y si no sabes aguantarte, pierdes el derecho a decir que no y a que te siente mal que otros se molesten cuando lo digas. A eso se lo llama ser buen perdedor.

Si alguien tiene miedo a decirte que no, es porque no pides: impones. Y nadie tiene ninguna obligación de ayudarte. Si lo hacen, tiene que ser porque quieren y les sale del corazón, no por miedo a tu reacción, a herirte o a cualquier otra consecuencia negativa que surja de ti hacia ellos.

¿Alguna vez te han dicho eso de «desde el momento en que gritas, pierdes toda la razón»? Pues lo mismo ocurre desde el momento en que exiges ayuda, ya que te vuelves un maleducado. O desde que te enfadas si no te dan lo que quieres.

Recuerda que nadie tiene ninguna obligación de ayudarte. Si lo hacen, ha de ser porque quieren y les sale del corazón, no por miedo a tu reacción, a herirte o a las consecuencias. Si no quieres dar un «sí» bajo coacción, no les hagas eso a los demás.

## Las ventajas de saber perder

Ser un mal perdedor te cierra todas las puertas. Ser un buen perdedor te engrandece como persona.

Aclarado esto, si hay algo de lo que me siento orgullosa en esta vida es de cómo reacciono cuando me dicen que no. Y créeme que no fue fácil aprenderlo. De hecho, ni siquiera soy capaz de recordar en qué momento de mi vida cambié. Yo solía sufrir mucho cuando me decían que no, me lo tomaba de forma personal (pensaba: «No han rechazado *hacer esto*, me han rechazado *a mí*»); y, claro, iba de drama en drama.

Como soy una lectora compulsiva, voy a imaginar que me vino la inspiración leyendo un libro. Y dudo que esté muy errada. El caso es que, curiosamente, aprender a ser rechazada con elegancia me abrió puertas que no esperaba... ¡Incluso con la persona que me las estaba cerrando en la cara!

Te pongo un ejemplo reciente. La pandemia fue dura para todos, pero a nivel empresarial se cebó especialmente con la hostelería. Yo tenía un restaurante con mi marido, como ya he comentado, así que durante aquella época nos vimos obligados a cerrar; y, después, a pedir un préstamo para superar la crisis derivada. A la vez, estaba empezando mi andadura *online*, y los inicios no fueron fáciles, sobre todo al tratarse de un terreno desconocido para mí.

En ese contexto, una empresa de crecimiento personal que me gusta mucho estaba celebrando un evento de varias semanas en Estonia. Me moría por ir, pero, cuando ya teníamos que enfrentarnos a tantos gastos inesperados, no podía permitirme añadir otros adicionales, como los de la entrada, los vuelos de ida y vuelta y las tres semanas de alojamiento.

Por suerte, de pronto me enteré de que buscaban voluntarios para ayudar en la celebración del evento, a los cuales les permitirían entrar gratis, claro. Así que mandé mi primer vídeo de presentación (la toma número veinticinco, más o menos) y me aceptaron.

La vida me cambió gracias a aquel evento y a la gente que conocí allí. De modo que al año siguiente volví a mandar mi solicitud, pues, aunque mi situación económica había mejorado mucho respecto a la vez anterior, la ayuda extra me venía muy bien.

Pero esta vez me rechazaron. Ni siquiera sé quién me rechazó, si se había debido a algo personal o si más bien me habían enviado un mensaje genérico. Solo sé que, según decían, querían dar la oportunidad a más gente, ya que se habían presentado cientos de candidatos, por lo visto.

La situación me dolió, pero la acepté. Me recompuse tras ver rotas mis expectativas y decidí enviarle un *email* a la coordinadora de voluntarios, la misma que me había mandado unas semanas antes el enlace para que les remitiera mi nueva solicitud:

> Hola, XX, espero que estés muy bien :)
> No sé si te acuerdas de mí, estuve de voluntaria el año pasado. Este año no me han aceptado, pero quería aprovechar para darte las gracias por la experiencia que me brindasteis. No solo conocí nuevos amigos y socios, sino que mi negocio creció y volví con nuevos clientes, nuevos conocimientos y nuevos proyectos que relanzaron mi emprendimiento.
>
> No sé si tenéis lista de espera, pero, si es así y en el último momento alguien cancelara su asistencia, te agradecería muchísimo que me tuvierais en cuenta para cubrir su plaza. Me encantaría repetir la experiencia.
>
> Me despido atentamente, deseando que todo os vaya fenomenal y que el evento sea un éxito.

Tal y como estaba enviando el mensaje, me sentía muy bien conmigo misma. No tenía ninguna expectativa ni ninguna agenda oculta, simplemente estaba diciendo la verdad que suele haber tras el dolor de recibir una negativa: «Ojalá me hubierais escogido». Solo que, en vez de insultarlos por no haberme seleccionado, les estaba agradeciendo que me hubieran dado la oportunidad de haber vivido aquella experiencia tan inolvidable y de volver a presentarme. Aunque aquella segunda vez no se hubiera dado porque mi solicitud no les gustara, o porque tuvieran mil candidatos más, o porque hubiera otros con un perfil más adecuado. Cualquier cosa pudo haber sido, pero lo cierto es que la razón no me incumbía en absoluto. Ni siquiera tenía por qué estar de acuerdo con su razonamiento, simplemente mentalizarme sobre la conclusión: hoy, no; mañana…, quién sabe.

El caso es que no recibí ninguna respuesta a mi mensaje.

Hasta un mes y medio después. Y fue con otro mensaje muy escueto:

Hola, Carmen. Ha habido una cancelación y eres la primera persona en quien he pensado, ¿te gustaría venir? :)

Tres semanas después, viajé a Estonia para otra maravillosa oportunidad.

Según me comentaron, aquel año habían recibido una avalancha de solicitudes, así que tuvieron que rechazar a un 60 % de los voluntarios del año anterior para dar una oportunidad a gente nueva. Pero solo tenían un *email* agradeciendo la oportunidad y expresando la voluntad de ir si había una cancelación. Por eso fui la primera persona en quien pensaron.

¿Y sabes qué habría pasado si no hubiera habido ninguna cancelación? Absolutamente nada. No les guardaría rencor ni ninguna bobada por el estilo. Al año siguiente, habría decidido si me quería presentar o si no me suponía un gran desembolso ir como participante, y punto.

Porque lo contrario habría supuesto imponerles mi ayuda, la quisieran ellos o no. Y eso habría hecho daño a ambas partes, sobre todo a mí, por no haber sabido aceptar la negativa.

De hecho, tengo otro ejemplo que me ocurrió durante la pandemia. Un chico al que sigo desde hace tiempo sacó un curso *online*. Yo ya le he comprado varios cursos, le he dedicado alguno de mis artículos e incluso estoy en su comunidad privada de alumnos. Vamos, que no es que lo acabe de conocer.

Tenía mucho interés en hacer aquel curso, pero, justo cuando me iba a apuntar, el banco me dio un mensaje de error: no tenía fondos. Me quedé helada. Entré a comprobar mi cuenta bancaria y casi me dio un patatús al ver que la Seguridad Social me la había vaciado.

Me apresuré en llamar a la asesora y enseguida obtuve una respuesta oficial: «Ha sido un error y vamos a proceder a la devolución. Si no la recibe en un plazo de noventa días, háganoslo saber».

Noventa días.

Noventa, que se dice pronto.

Y yo con la cuenta vacía.

Menos mal que tenía unos ahorros para subsistir mientras esperábamos a reabrir el bar el mes siguiente, pues cerrábamos en la temporada de invierno. Pero, desde luego, no estaba para comprar cursos.

Escribí a aquel chico para preguntarle si aceptaban voluntarios. Me propuse para trabajar como dinamizadora de su comunidad, resolver dudas, dar difusión a su curso, etc., a cambio de que me dejara hacer el curso. Le prometí que, además, le pagaría en cuanto recibiera mi dinero de la Seguridad Social.

Pero me dijo que no.

Y te aseguro que dolió mucho. Muchísimo.

Nunca la expresión «hacer de tripas corazón» me pudo haber venido más al pelo. Para mí era muy humillante haberle contado a un desconocido que me habían vaciado la cuenta. Además, me había creado la falsa esperanza de que él sabía quién era yo tras haber intercambiado *emails* en el pasado o haberle dedicado todo un artículo de consuelo cuando me enteré de que le había ocurrido algo traumático.

Pero me di cuenta de que estaba «obligándolo» a decirme que sí por nuestro pasado compartido. Él nunca me había pedido que le escribiera aquel artículo, lo había hecho yo misma por mi propia voluntad. Él nunca me había obligado a comprarle los cursos, eran una mera transacción de su conocimiento y experiencia a cambio de mi dinero.

Y lo más importante: el hecho de que yo lo hubiera hecho por él no significaba en absoluto que él tuviera que vivir bajo mis códigos morales. De hecho, tiene cientos de miles de seguidores, así que ni me imagino la avalancha de mensajes que debe de recibir pidiéndole favores de esa índole.

Así pues, decidí mandarle un *email* que era más para mí misma que para él: le di las gracias por haberme respondido y le deseé de todo corazón que el curso le fuera muy bien. Porque cualquier otra alternativa me horrorizaba más que tener el ego herido un par de días.

Debemos elegir quiénes queremos ser, y tenemos que vivir bajo esa premisa siempre. Sobre todo cuando nos hacen daño. Porque es ahí cuando mostramos quiénes somos en realidad.

## Cómo recibir un «no»: escucha a tu corazón

Aquí yo empezaría con dos conceptos básicos: una cosa es el corazón; y otra muy distinta, el ego. Ambos son importantes y tienen su función, pero sus intenciones son muy distintas, pese a que la gente los confunda mucho.

El corazón (o el alma) es donde residen los sentimientos más puros. El amor absoluto nos hace sentirnos conectados, felices y seguros. El amor verdadero nunca es egoísta.

Por ejemplo, mi marido y yo somos atípicos porque creemos en ese tipo de amor que da alas en vez de cortarlas. Así que, cuando a él le surge una oportunidad, yo lo invito a cogerla, incluso si eso implica que se vaya al extranjero varias semanas solo. Y él hace lo mismo por mí.

Más de una vez me han preguntado: «¿Y si conoce a otra?». Y yo siempre respondo lo mismo: «Entonces él no sería para mí». Si el amor de mi marido depende de que estemos en la misma ubicación todo el tiempo o de que yo le impida luchar por sus sueños para retenerlo a mi lado, lo siento, pero prefiero no entrar en ese juego. Porque, para mí, eso no es amor, sino miedo a perderlo. Y si lo perdiera, lo echaría terriblemente de menos, de acuerdo, pero al menos no estaría viviendo con la duda de si mis miedos le estaban impidiendo realizar sus sueños, de si lo estaba convirtiendo en un prisionero.

Porque ahí entra el ego.

El ego nos quiere proteger a toda costa del sufrimiento, y no duda en usar todos los medios a su alcance para conseguir su objetivo.

La diferencia se ve muy clara en las rupturas. Hay personas que, cuando su pareja rompe con ellas, suplican. Prometen cambiar, hacer las cosas distintas... «Lo que sea, pero no me dejes». Este tipo de ruptura no tiene por qué ser solo de pareja, también ocurre si hay una pelea entre amigos o si tu jefe te despide. Es decir, se produce cuando perdemos a alguien/algo que valoramos mucho.

En cambio, en la misma situación, otras personas reaccionan con agresividad, exigiendo explicaciones o, directamente, insultando.

Algunas incluso desarrollan tal rencor que se juran a sí mismas hacerle la vida imposible al otro mientras vivan.

En esos casos está hablando el ego.

## Un corazón herido se humilla, un ego herido te ataca

En resumen, un corazón herido se humilla, pero un ego herido te ataca con todas las herramientas a su disposición.

Una persona llevada por su ego nunca le dirá a su ex en una ruptura: «Estoy dolida y te voy a echar terriblemente de menos, pero te quiero con toda el alma y solo puedo desearte lo mejor en la vida. Gracias por el tiempo que has compartido conmigo».

No se lo dirá porque el ego implica un sentimiento de propiedad y, como no le gusta perder, empezará a pedir explicaciones que irá desestimando con una lógica aplastante.

En cambio, el corazón no atiende a raciocinios. Si alguien ha decidido dar ese incómodo paso de cortar con nosotros, no es por una lista de cosas que podamos rebatir.

Sé que he empezado fuerte con este ejemplo, pero las rupturas son un dolorosísimo «no» por parte del otro. Así que, si aprendemos a gestionarlas, sabremos aceptar cualquier otro «no».

Capítulo 14

# Cómo decir que no

Hace un tiempo, mi marido decidió hacerle un favor a una conocida echándole una mano en su cocina. La temporada alta se estaba acercando y, como los negocios siempre andan a la caza de personal justo antes de esa época, mi marido le prometió ayudarla pero solo mientras encontraba a alguien, y que además sería por unas horas diarias, porque en realidad no quería trabajar allí.

Ella aceptó, pero la comodidad de contar con aquel gran profesional de la cocina hizo que se le echara el tiempo encima. ¿Para qué apresurarse en buscar a otra persona, si ya tenía a uno de los mejores?

El problema era que mi marido no estaba a gusto allí. Para empezar, porque la cocina no estaba limpia. Me refiero a suciedad muy acumulada, de esa que lleva allí años. Más de una vez encontró bichos; y, por más trampas que pusiera, el fallo era estructural allí. La solución habría estado en no crear un paraíso para que las plagas proliferaran.

Además, la campana extractora no funcionaba, de modo que volvía a casa apestando a frito. De todos modos, era muy difícil distinguir qué olía más a quemado: si su ropa o su cabeza. Porque él estaba completamente frustrado. Odiaba trabajar allí.

Y, pese a todo, no quería dejarla tirada. En su escala de valores, no era correcto dejar a alguien que te necesita, por mucho que ese trabajo te esté consumiendo.

Un día decidió enfrentarse a sus miedos y hablar con ella. Le dijo que no podía trabajar así, sin apenas materiales (incluso tenía que llevarse cosas de casa), sin buena higiene, sin ventilación, etc. Ella le prometió que cambiaría lo que hiciera falta, pero los cambios iban muy lentos, al estar muy abajo en una larga lista de tareas pendientes.

Mi marido sabía no solo que lo que había pedido era razonable, sino que su propia reputación estaba en juego, ya que, si Sanidad inspeccionaba aquel local, sin duda los multaría. Pero además, como ya he comentado, está obsesionado con la limpieza y con el detalle en el servicio, así que no soportaba trabajar en un sitio así.

Llegó un punto en el que, aparte de no ir a trabajar contento, acudía con los hombros hundidos, por obligación, y volvía a casa hecho polvo y triste.

Hasta que un día me planté y le dije que ya estaba bien. Él tampoco sabía decir que no, pero yo sí. Y estaba dispuesta a enseñarle.

A la hora de decir que no, hay tres factores fundamentales: la carga emocional de la petición, la persona de la que viene y el valor que le das a lo que te pide.

En los próximos capítulos los vamos a analizar.

Capítulo 15

# La carga emocional de la petición

## Analiza la carga emocional de la petición

Quizá esto me ha quedado un poco rimbombante, pero se trata de un primer paso que mucha gente no tiene en cuenta (y, claro, luego vienen los *madremías*).

Vamos a comparar dos situaciones en las que alguien nos pide algo y le respondemos que no:

**Situación 1:**

— Ya que estás viniendo de camino a casa, por favor, compra una barra de pan en la panadería junto a tu oficina, que me encanta cómo lo hacen ahí.

— Lo siento, ya no puedo, porque acabo de llegar a tu portal.

**Situación 2:**

— Sueño con pasar la vida entera contigo y envejecer a tu lado. ¿Te gustaría hacerme la persona más feliz del mundo y casarte conmigo?

— No.

En ambas situaciones, alguien nos pide algo y respondemos que no. Pero te habrás dado cuenta de que en la segunda es mucho más duro y se requiere de mucha mano izquierda. ¿Cuál es la principal diferencia entre las dos?

A priori, podría parecer que el nivel de compromiso que se nos pide. En uno, se trata tan solo de un paseíto hasta la panadería, mientras que en el otro es un contrato vitalicio que la otra parte está dispuesta a firmar, así que es lógico que negarnos a esto segundo nos resulte más delicado.

Pero ¿qué ocurriría si la segunda situación hubiera girado en torno a alguien que nos cuenta que su madre está en la UCI y necesita que vayamos una hora a acompañarla porque tiene una reunión importantísima y no quiere dejarla sola? ¿No nos lleva solo un poco más de tiempo que ir a comprar algo para otra persona?

En realidad, lo que hace que nos cueste dar una negativa no es el tiempo que nos tomaría realizar lo que nos piden ni la dificultad de la tarea, sino más bien la carga emocional de la petición.

Los noes de la situación 1 solo requieren de una mínima educación, mientras que el de la situación 2 ha sido una petición difícil de formular para quien la solicita, así que lo adecuado es que nosotros lo respetemos y honremos con una respuesta acorde.

Tenemos que adaptar nuestro «no» a la carga emocional con que recibimos la petición. Y en muchos casos será difícil, porque la petición habrá venido envuelta en tal solemnidad que nos parecerá casi enternecedora. Por ejemplo, cuando una tarde de juegos se nos acerca nuestro hijo pequeño apretujándose las manos sudorosas para pedirnos casi con miedo si su mejor amigo se puede quedar a dormir en casa, porque se lo están pasando bomba. O cuando viene una amiga muy tímida, de esas que nunca quieren molestar, a pedirte que la ayudes a leer un simple *email*, y sabes que una solicitud tan simple ha sido para ella un auténtico suplicio. O cuando tu pareja te pide que la acompañes a una reunión vecinal sin mayor importancia, pero que ella considera muy importante.

Sea lo que sea, no es responsabilidad nuestra valorar si lo que nos piden es insustancial o significativo. A lo mejor, los casos anteriores te parecen tan simples que los afrontas sin pestañear, pero para otras personas han supuesto un agotador proceso mental hasta que se han atrevido a acudir a ti con sus problemas.

Por tanto, si quieres ser un experto en el arte de decir que no, debes aprender a leer entre líneas, descubrir qué carga emocional tiene la petición que te están haciendo y responder acorde a las circunstancias.

En líneas generales, para las peticiones sin carga emocional, dar una negativa tan solo requiere de las normas básicas de educación. Basta con que tengas en cuenta de quién proviene la petición: una persona muy especial para ti, alguien que siempre está para ti y no suele pedirte nada, alguien a quien has dicho que no ya mil veces... Siempre hay un contexto que tener en cuenta. Porque a veces es bueno decir que sí, aunque no nos apetezca, solo porque queremos dar algo a cambio de todo lo que ya hemos recibido de esa otra persona. Como digo, en estos casos el contexto lo es todo.

Pero en este libro nos vamos a centrar en los noes de la situación 2, es decir, aquellos que tienen una tremenda carga emocional porque son los que más nos cuesta verbalizar y los que suelen atraer una respuesta perjudicial (a veces incluso explosiva). En definitiva, aquellos que nadie nos enseñó a decir o gestionar.

## ¿De qué depende la carga emocional?

La carga emocional no va tan ligada al grado de compromiso que se nos pide (desde hacer un breve recado sin importancia hasta cuidar al perro un fin de semana) como a los sentimientos que nos provoca.

De hecho, se trata de una carga compartida entre dos. Por un lado, está el valor que la otra persona le da a lo que nos está pidiendo. Cuanto más importante sea para ella y más vulnerable se muestre para pedirlo, más carga tendrá y con más cariño deberemos darle la negativa.

Por otro lado, está nuestra propia carga, que viene condicionada por cuán significativa es esa persona para nosotros. No es lo mismo decirle que no a alguien a quien conoces desde hace dos días que a un ser querido. No es lo mismo decirle que no a alguien que nunca está presente que a otra persona que se desvive por ti. Cuanto más difícil te resulte decirle que no a esa persona en concreto (incluso si es para un favor insignificante), más carga emocional tiene para ti.

## Capítulo 16

# Cómo negarte a peticiones con una gran carga emocional

Una petición cargada de emociones merece un «no» al que hayamos asignado como mínimo la mitad de valor y tiempo que la persona que nos la haya hecho. Un «no» como es debido habría de obedecer a esta estructura:

1. Agradece su petición.
2. Empatiza con la otra parte.
3. Pídele tiempo para responder, si lo necesitas (que note que no te lo tomas a la ligera, que pretendes valorarlo en su justa medida y no te gustaría lanzarte de forma irreflexiva, que no quieres que te fuerce a contestar ya mismo).
4. Cuando por fin te niegues, exponle tus motivos (no tienes por qué justificarte ni le debes nada; pero, al igual que la otra persona te ha expuesto sus motivos para pedirte ayuda, sería un bonito detalle que le expongas los tuyos para negársela).
5. Muestra asertividad cuando hables.
6. Dile a esa persona lo importante que es para ti, reitera tu agradecimiento por haber pensado en ti cuando ha necesitado ayuda y deja abierta una puerta para ayudarla en el futuro (si te nace del corazón y realmente la consideras muy valiosa, claro, pues de lo contrario quizá debieras replantearte tu relación con ella).
7. Ofrécele tu apoyo de otra manera (apoyo moral, consejos, llamadas, ponerla en contacto con alguien que sí puede ayudarla…).

## 1. Agradece su petición

Sé perfectamente lo raro que te debe de sonar este paso. De hecho, incluso me atrevería a adivinar lo que está pasando por tu cabeza ahora mismo: «Sí hombre, solo faltaba eso, ¿por qué narices tendría yo que darle las gracias por pedirme un favor? — Firmado: Tu cerebro (casi) mandándote a la mierda».

Pues te responderé que por varios motivos.

Para empezar, porque si alguna vez has pedido algo y eres una persona independiente (como a la mayoría de nosotros nos gusta ser), sabrás lo duro que es pedir ayuda. Porque implica reconocer que no podemos hacer ese algo nosotros solos, y admitirlo puede resultarles extremadamente difícil a muchos.

Por otro lado, pedir ayuda requiere todo un ejercicio de analizar pros y contras. Los pros de poder hacer lo que necesitamos y los contras del precio que debemos pagar. Las justificaciones que nos llevan a eso. El contexto. Todo un proceso mental que desgasta mucho, sobre todo nuestra autoestima.

Además, está el factor de pensar a quién pedirle esa ayuda. Ten en cuenta que todos, hasta el más introvertido del mundo, conocemos a cientos de personas. Y, de todas esas opciones (entre familiares, amigos, compañeros de trabajo y meros conocidos), dicha persona ha pensado en ti. Te ha dado un voto de confianza. Te ha elegido entre la multitud como la persona que la puede ayudar a salir de una situación incómoda o dolorosa. Y eso hay que honrarlo.

Pero la cosa no queda ahí. Una vez que esa persona ha vivido todo ese proceso de reconocer que tiene un problema (la parte inicial y más dura de todas), darse cuenta de que no puede arreglarlo solo, asumir que tiene que pedir ayuda, decidir a quién pedírsela y elegirte a ti, todavía le queda un último paso (el que más cuesta): pedírtelo. Esa persona llega con semejante bagaje y te abre su corazón. Porque no lo olvides: aunque parezca que solo te está pidiendo un favor, en realidad está mostrándose absolutamente vulnerable contigo. Y eso, de nuevo, no es fácil.

De hecho, es como estar enamorado de alguien y prometerte a ti mismo que de hoy no pasa sin decírselo. Así que lo ensayas mentalmente todo el día, tienes todo un discurso elaborado, practicas mil finales distintos... Y de repente, cuando tienes a la persona enfrente esperando a que le cuentes lo que le querías contar, no te llega la voz a las cuerdas vocales, balbuceas algo sobre el buen tiempo que hace y sales corriendo a la primera de cambio, mientras te odias un montón.

Pues algo así. Quizá no tan dramático, pero por el estilo. Porque quien nos cuenta todos sus problemas y ve en nosotros una tabla de salvación se ha tenido que enfrentar a la vergüenza de confiarnos sus dificultades. Y eso vale oro. Aunque, si no tienes oro para darle, la siguiente mejor opción es tu agradecimiento.

## 2. Empatiza con la otra parte

Antes de que le demos una respuesta de cualquier tipo a la otra parte, conviene que esta sienta que la hemos escuchado y entendido.

Por tanto, lo ideal es que resumamos brevemente lo que hemos entendido: «O sea, que tu jefe ha vuelto a ponerte una reunión a última hora y estás agobiado, ¡no es para menos! Así que necesitas que vaya a tu casa el viernes a las cuatro a recoger a tu perro y llevarlo al veterinario, donde me encontrarías después, ¿cierto?».

Antes te he sugerido que comiences agradeciéndole la confianza que te ha tenido, pero hay más. De hecho, empezar mostrándole empatía también ofrece muchos beneficios:

1. Te ayuda a ponerte realmente en su lugar..., y, sí, incluso podría ocurrir que cambies de opinión mientras lo haces. Pero mejor cambiarla porque tú has decidido replanteártelo y no porque se ha producido una situación desagradable tras haberle dicho que no, ¿verdad?
2. La otra persona ve que te has molestado en comprender su situación, lo que lleva a que se muestre más receptiva ante tu respuesta.

3. Empiezas la conversación creando un puente de entendimiento hacia el otro, por lo que de alguna manera estás marcando el tono que tendrá la charla (a no ser que la otra parte reaccione mal).
4. Le haces saber lo que has entendido de su situación y de su posterior petición. Y eso está muy bien, porque el arte de la comunicación no siempre es nuestro fuerte. Muchas veces los demás nos entienden mal, y otras muchas nosotros mismos nos explicamos fatal. Cuando empiezas resumiendo lo que has entendido, le das una opción a la otra parte de corregir lo que no ha quedado claro, se ha malinterpretado o, directamente, no se ha dicho.
5. Le cierras la posibilidad de negociar tu negativa en plan «ya, pero es que a lo mejor no has entendido que lo que pasa es que...». Recuerda que mucha gente dejará de escucharte en el momento en el que digas que no y pasará a usar todas sus armas para persuadirte, incluso yendo al extremo de manipularte o forzarte.

## 3. Pídele tiempo para responder

¿Alguna vez te has arrepentido de decir algo que no sentías? ¿Y de reaccionar bruscamente? ¿Tal vez te has lanzado a sacar conclusiones o a decirle que sí a alguien para luego descubrir que ese día en concreto ya habías hecho otros planes?

Pedirle a alguien que te permita pensártelo tiene una doble función:

1. Gracias a ello, logras quedarte a solas con tus pensamientos y decidir si quieres hacerle ese favor. Si al final optas por decirle que no, te permite preparar una respuesta respetuosa que tenga en cuenta los sentimientos de la otra parte.
2. No le estás diciendo que sí a la primera (ni, por tanto, dejando que se ilusione, de forma quizá insensata), pero tampoco le estás diciendo que no. Lo único que le estás dejando

claro es que, si bien hay una disposición por tu parte, tienes que valorar diversos factores. Y eso, en mi opinión, es una muestra de respeto al otro.

Si alguna vez has experimentado la incómoda sensación de reaccionar demasiado tarde («¡Mierda! ¡Le tenía que haber dicho esto!»), es porque nuestro cerebro en estado de *shock* no reacciona igual que en estado de equilibrio mental.

Si además estás tratando con alguien acostumbrado a discutir y pelear, y en cambio tú no sueles hacerlo, llevas todas las de perder, así que probablemente te arrastre por el fango como a una marioneta. Créeme: conozco a varios «peleones profesionales» y siempre termino agotada y triste, preguntándome cómo narices me he visto envuelta en esa situación, tras la cual me cuesta un mínimo de cuatro días recomponerme (sí, soy bastante sensible). Quienes evitamos discutir tenemos muy poco que hacer frente a quienes adoran llevar la razón y están dispuestos a insultarnos y atacarnos con tal de defenderla.

## 4. Expón tus motivos para decir que no

Sé que esto puede resultar casi tan controvertido como cuando te he aconsejado que le agradezcas que te lo haya pedido. Sobre todo si eres una persona con mucho orgullo (o sea, ego), porque lo primero que crees es que te estoy pidiendo que «des explicaciones», lo cual para una persona con mucho orgullo es una especie de humillación y sometimiento (algo que nunca he entendido, la verdad).

En efecto, no *tienes por qué* dar explicaciones. Pero es un detalle, un bonito gesto.

Si lo piensas bien, te pasas el día entero dando explicaciones sin ser siquiera consciente de ello. Por ejemplo, cuando un cliente llama a tu empresa preguntando por ti y la persona de la centralita no te encuentra en tu sitio, jamás le responderá con un parco «no está» («posdata: jódete»), sino que desarrollará una respuesta más elaborada, del tipo «debe de estar reunido y no me ha dicho cuánto va a tardar, ¿le importaría volver a llamar más tarde o prefiere dejarle un mensaje?».

Del mismo modo, si tu madre te pide que le compres algo en el súper y tú no puedes, dudo que te limites a decirle «no», sino algo así: «Hoy me es imposible, mamá, voy a estar ocupada todo el día con reuniones».

Si tus amigos te invitan a una barbacoa y a ti no te apetece ir, probablemente te niegues diciendo algo diplomático, en plan «me encantaría, pero tengo comida familiar».

Si un comercial te llama para venderte una oferta de su compañía, seguro que no le respondes con un brusco «no» (a no ser que te haya llamado ya demasiadas veces), sino más bien algo así: «No, gracias, estoy contento con la empresa en la que estoy».

Todas esas respuestas obedecen a una simple pregunta: ¿por qué? O dicho de otro modo: ¿por qué te estoy diciendo que no? Pues por estos motivos.

Como ves, te pasas la vida dando explicaciones sin apenas pensarlo. ¿Y sabes por qué las das? Por simple educación. Si respondes con un parco «no» y te das la vuelta, conviertes la petición en una mera transacción, no das pie al diálogo. Y eso es raro.

En cambio, elaborar un poco más tu negativa es una manera de dar visibilidad a la otra persona. Es un modo de decirle: «Me importas lo suficiente como para explicarte el motivo por el que no puedo/quiero hacerte el favor». Porque, en efecto, también puedes decidir negarte porque no te apetece. Puedes limitarte a decir: «Sinceramente, me gustaría decirte que sí, porque eres especial para mí, pero hoy no me apetece nada, así que no lo estaría haciendo con cariño, espero que lo comprendas».

Seguro que la otra persona te ha justificado por qué necesita que le hagas el favor en vez de encargarse ella misma, así que es un bonito detalle que le respondas de la misma manera, poniendo el mismo cuidado.

Y, si bien todos estos pasos no son obligatorios, recuerda que estás aprendiendo a decir que no sin herir los sentimientos de las personas que te importan. De esta manera, puedes liberarte de decir que sí por compromiso, a la vez que les estás enseñando a ellos a decirte que no de una manera que no te duela.

Yo creo que merece la pena el esfuerzo. Además, con ello te demuestro algo que ya he adelantado en otro capítulo: negarte a algo no tiene por qué ser un gesto de egoísmo, sino más bien de amor propio y de cariño hacia la otra persona. Gracias a ello, aprenderás a hacer las cosas de corazón, como gesto de apreciación a las personas que te importan.

## 5. Muestra asertividad cuando hables

Este punto daría como para escribir un libro entero.

Elegir nuestras palabras es la esencia de la comunicación. Por tanto, como regla de oro, trata a tus seres queridos con la misma amabilidad con que tratarías a un desconocido (aunque, si eres una de esas personas sin filtro, que van por la calle diciendo a diestro y siniestro lo que opinan de los demás, entonces el consejo anterior no te servirá de nada).

En su libro *Los cuatro acuerdos*, don Miguel Ruiz nos invita a hacer un pacto con nosotros mismos para elegir y usar nuestras palabras de forma impecable. Eso implica que, si descubrieras que alguien ha estado escuchando tu conversación con otra persona, la única vergüenza que pudieras sentir se debería al contenido de la conversación, no a las formas.

¿Hablarías a tu pareja igual si estuvieran tus suegros delante? ¿O a tu compañero de trabajo si estuviera allí mismo vuestro jefe? ¿Y a tu empleado en presencia de un cliente?

A eso me refiero: en general, no digas nada de lo que te puedas arrepentir.

Una vez vi una ilustración que me impactó mucho. En ella, se mostraba a un hombre gritándole a una mujer, y de la boca de él salía un puño hecho de aire. El pie de imagen rezaba: «Las palabras hieren más que los golpes».

Pues bien, la violencia empieza con las palabras. Cuando agredes a alguien verbalmente, hay dos personas que pierden: el agredido y el agresor. Porque la violencia nos conecta con nuestros instintos más bajos.

Piénsalo bien: lo fácil es ceder al impulso de mandar a la mierda a alguien. Todos sabemos hacer eso. Lo difícil es comerse las ganas, contar hasta diez (o diez mil, lo que haga falta) y elegir nuestras palabras. Y si, encima, las elegimos para no herir al otro, estamos conectando con nuestra naturaleza más elevada.

Practícalo con frecuencia y ya verás que de repente te saldrá sin esfuerzo.

## 6. Deja abierta una puerta para decir que sí en el futuro

Si te nace del corazón y quien te pide el favor es realmente importante para ti, díselo.

Si vas a seguir teniendo a esa persona en tu vida, si sabes que hoy es no pero mañana quizá sea sí, no dejes de decírselo. Porque, probablemente, tu negativa le va a escocer, por muy bien que hayas elegido tus palabras y por mucho que hayas priorizado sus sentimientos. Sobre todo si es alguien independiente a quien le cuesta pedir favores. Así pues, conviene que le dejes claro que podrá contar contigo en el futuro. Dile lo importante que la consideras en tu vida, reitera tu agradecimiento por haber pensado en ti cuando ha necesitado ayuda y deja abierta una puerta para ayudarla en el futuro.

Pero insisto: si no te nace de corazón ayudarla en el futuro, tal vez deberías replantearte tu relación con esa persona.

## 7. Ofrécele tu apoyo de otra manera

¿No puedes darle lo que te pide exactamente, pero sí te gustaría ayudar de alguna manera? Pues díselo.

En comunicación no violenta, a eso se lo llama «conectar con su necesidad».

Todas las peticiones surgen de necesidades, en realidad. Alguien tiene una necesidad insatisfecha y quiere cubrirla de la mejor manera que se le ocurre. Y, si no logra satisfacerla por sus propios medios, entonces recurre a un tercero. En este caso, a nosotros.

Pero hay mil formas de que cubramos esa necesidad para la que nos pide ayuda. Todo se reduce a poner la creatividad en marcha, adueñarnos parcialmente de ese problema ajeno como si en realidad fuera nuestro y pensar qué haríamos nosotros en su caso. Quizá nos está pidiendo que le hagamos la comida para cubrir su necesidad de alimento, y entonces nosotros tenemos tres posibles opciones: o bien cocinarle, o bien negarnos a cocinar, o bien sugerirle pedir comida para llevar.

Si esa persona está abierta al diálogo, se puede negociar un punto intermedio en el que las dos partes salgan beneficiadas. A lo mejor no puedes llevarla a comprar un mueble hoy, pero sí mañana. A lo mejor no puedes prestarle tu coche por el motivo que sea, pero puedes hablar con un amigo para que os preste el suyo.

También puedes ofrecerle apoyo moral o un consejo. Lo mismo no tienes el dinero que te está pidiendo prestado, pero puedes acompañarla a un asesor financiero o a pedir un préstamo al banco.

O puedes hacer de intermediario y conectarla con alguien que sí puede ayudarla.

Lo importante es que exista voluntad de ayuda mutua y cooperación. Si además se usan buenas palabras, esa negativa inicial puede uniros aún más mientras buscáis otras maneras de resolver esa necesidad no satisfecha.

Porque recuerda que la primera necesidad que tenemos todas las personas es que nos vean y nos aprecien. Basta con que pienses en esos niños que, buscando un poco de reconocimiento, les dicen a padres, familiares y amigos: «¡Eh! ¡Mirad lo que sé hacer!».

Crecer no nos cambia tanto, en ese sentido. Simplemente, aprendemos a no gritar «miradme». Pero, en el fondo, seguimos anhelándolo.

Espero que ahora te incomode un poco menos decir que no.

## Resumen de pasos para un «no» cargado de emociones:

1. Agradece su petición.
2. Empatiza con la otra parte.
3. Pídele tiempo para responder.
4. Expón tus motivos para decir que no.
5. Muestra asertividad cuando hables.
6. Deja abierta una puerta para decir que sí en el futuro.
7. Ofrécele tu apoyo de otra manera.

# Capítulo 17

# Cómo incorporar el «no» a tu vida

En este capítulo haremos ingeniería inversa o retroingeniería.

Es decir, ahora que ya sabemos por qué nos cuesta tanto negarnos, que nuestras decisiones son subconscientes y en nuestra infancia nos programaron el inconsciente para que no supiéramos decir que no, ya nos hacemos una idea de la tarea que tenemos por delante.

Y aquí vamos a echar mano de la programación neurolingüística (o PNL). Esta disciplina estudia nuestros comportamientos inconscientes y nos enseña a «reprogramar» nuestro cerebro para que deje de repetir los comportamientos que no deseamos o para que repita los que sí deseamos hacer.

Muchos profesionales se dedican a ella, y los más destacados han sabido encontrar auténticos bloqueos en sus pacientes. Aún recuerdo lo mucho que me impactó el caso de una chica que se bloqueaba a la hora de mantener relaciones sexuales con su marido. El instructor de PNL logró que recordara que en su infancia había sido víctima de una violación, lo cual explicaba que su cuerpo rehuyera aquel tipo de contacto íntimo. Y todo lo consiguió sin recurrir a la hipnosis.

Pero la PNL no necesariamente se utiliza para traumas tan graves. De hecho, también resulta muy útil para aprender a crear un nuevo hábito o comportamiento, ya que se trata de reprogramar nuestro cerebro para que actúe de una manera distinta a como está acostumbrado.

Eso sí, no es un proceso que nuestra mente disfrute mucho. Da igual lo progresistas que nos consideremos, pues a nuestro cerebro le encanta ser muuuuuy conservador. Le gustan las fórmulas que funcionan, aunque funcionen mal.

Según la PNL, el aprendizaje consta de cuatro fases:

1. **Incapacidad inconsciente:** Se produce cuando somos incapaces de hacer algo (es decir, no sabemos hacerlo), pero sabemos tan poco de la materia que *ni siquiera sabemos cuánto no sabemos*. Dicho en cristiano, es cuando no sabemos la magnitud de lo que vamos a aprender. Como cuando el profesor de una materia que odias porque no se te da bien pregunta a la clase si hay alguna duda, y tú conoces tan poco sobre el tema que ni siquiera sabes por dónde empezar a preguntar.
2. **Incapacidad consciente:** Ocurre cuando ya tenemos una idea de todo lo que debemos aprender, pero no tenemos ni idea de cómo se hace. Es decir, hemos aprendido todo el recorrido que tenemos que hacer para aprender a tocar la guitarra, pero aún no sabemos cómo se toca un acorde.
3. **Capacidad consciente:** Es cuando, poquito a poco y con mucho esfuerzo, hemos aprendido la teoría, y ahora nos toca practicar mucho para hacerlo sin pensar. Visualiza a una pareja de nuevos bailarines que, a ojos de los demás, están bailando y sonriendo, aunque en realidad están sudando la gota gorda y su única conversación es «un, dos, tres, un, dos, tres…».
4. **Capacidad inconsciente:** Ese es el destino soñado: cuando no solo hemos aprendido, sino que lo hemos incorporado de forma inconsciente. Por ejemplo, cuando tocamos la guitarra cambiando de acorde sin pensar qué dedo se pone dónde, porque nuestras manos ya conocen el gesto de memoria.

Pues bien, en todo aprendizaje se vive ese proceso. Aún recuerdo la de veces que tuve que decir las letras del teclado en voz alta mientras aprendía mecanografía. Y sigue fascinándome que, hoy por hoy, si me preguntas en qué tecla se encuentra la letra eme, no te sabría responder de cabeza, he de usar un teclado imaginario en el aire y escribirla para saber ubicarla.

Lo mismo ocurre cuando aprendemos a conducir. Al principio tenemos que mirar antes de cambiar las marchas. Luego tenemos que pensarlo. Y, con el tiempo, basta con escuchar el motor para saber qué marcha meter de forma automática, sin pensarlo.

Ese es el proceso que vamos a seguir mientras nos reprogramamos para dar negativas con soltura, aunque también nos servirá para cualquier cosa que queramos cambiar en nuestra vida.

## Pasos para reprogramarnos

*(En un ataque de creatividad desbordante, había pensado hacerme la graciosa aquí y titularlo* «Pasos *para reprogramar-NO(s)*»*. Pero mejor me quedo quietecita).*

Como ya he mencionado, estos pasos los voy a desarrollar para el aprendizaje específico del «no», pero en realidad sirve para cualquier cambio consciente que quieras hacer en tu vida.

## PASO 1: Autoconsciencia

Seguro que has oído muchas veces que admitir que tenemos un problema ya es el 50 % de la solución. O que el principal paso para el cambio es reconocer que tenemos un problema.

Y no puedo estar más de acuerdo. Durante mi experiencia ayudando a adolescentes con vidas complicadas o a adictos, observé que todos tenían «ganas» de cambiar de vida. Tanto como a un fumador le gustaría dejar el tabaco o a una persona que le sobran unos kilos le gustaría perderlos.

En la mayoría de los casos, antes de reconocer que tenían un problema, habían subestimado su situación. Estaban convencidos de que podían solucionarla por sí solos con herramientas convencionales (básicamente, tirando de fuerza de voluntad). Solo para encontrarse de nuevo en la casilla de salida tras días o meses de penurias.

Porque hay que aclarar algo: por sí sola, la fuerza de voluntad no basta para vencer un condicionamiento cultivado a lo largo de toda una vida. La misma expresión «fuerza de voluntad» ya implica eso: forzar, hacer un esfuerzo, empeñarse en algo muy difícil. ¿Te imaginas coger unas pesas y cargarlas allá donde vayas, todos los días, a todas horas? Pues así se siente quien está cambiando un hábito a base de fuerza de voluntad: a pulmón, sin un soporte, venciendo sus demonios a diario.

Y, claro, llega un día en que ya no puede más. Uno en que la vida le «regala» un desafío más complicado de lo que esperaba, como que se le muere un ser querido o que le dan una noticia horrible. Aunque también puede ocurrir lo contrario: que la vida le dé una agradable sorpresa, como que se casa su hija o que le suban el sueldo. Y entonces le apetece aflojar por un día y abandonarse al terreno conocido, a eso que evitaba con tanto dolor, pero que, a su vez y a su manera, en los momentos de bajón le daba placer y soporte, incluso si era un soporte ficticio, incluso si le hacía daño a largo plazo, porque a corto plazo o de inmediato sí le brindaba un confort instantáneo.

## El momento del *crack*

En Uruguay aprendí lo que en rehabilitación de drogas llaman «el momento del *crack*». Y no, no se referían a la droga, sino a ese momento en el que una persona, brevemente, a veces por una décima de segundo, tiene un momento de lucidez tan grande que se siente como si la hubiera atravesado un rayo. Cuando eso te ocurre, te parece que el mundo se detiene y te ves capaz de mirarte desde afuera; y entonces descubres que no te gusta lo que ves. Es el momento más crucial en el proceso de cambio, y uno que casi garantiza el éxito, si lo comparas con la mera fuerza de voluntad.

Seguro que alguna vez has oído a los oradores motivacionales hablar sobre ese momento en el que tocaron fondo de una forma tan pero tan profunda que decidieron que más bajo no se podía caer, y que a partir de aquel día trabajarían activamente por su nueva vida.

Se ve en historias de accidentes, ruinas, divorcios traumáticos… Momentos en los que la persona se siente más vulnerable y perdida que nunca, pero a la vez decide que se acabó, que esta vez va a tomar las riendas de su vida. Normalmente, tales momentos se convierten en la antesala de historias de superación muy emotivas.

En el curso de adicciones nos contaron el caso de un paciente que había entrado a la casa de sus padres a robar para comprar droga. El chico ya estaba absolutamente demacrado, tras haber pasado las fases de perder el trabajo y los ahorros, «sisar» en casa, acabar en la calle, cometer atracos, pasar por prisión… Y todo para pagar su adicción. Además, entre medias había perdido una vida completa. No solo sus bienes materiales y su salud, sino también sus valores, sus amigos, su familia y todo lo que alguna vez había apreciado.

Esto no significa que su familia hubiese dejado de quererlo, claro; pero, en estos casos tan extremos, se llega a un punto de «o él o nosotros».

El caso es que este chico, en pleno ataque de ansiedad por consumir urgentemente, entró como un vendaval a casa de su madre y, sin mediar palabra con nadie, desenchufó la televisión y la levantó en volandas. La misma televisión que su humilde madre había tenido que recomprar varias veces en los peores agujeros de venta de drogas.

Justo cuando salía por la puerta cargando el aparato, se giró y vio a su madre de rodillas en el suelo, llorando con los brazos alzados al cielo mientras exclamaba: «Dios mío, ¿por qué? ¡Por favor, basta! ¡No puedo más! ¡Salva a mi niño!».

Aquel fue su momento del *crack*. El momento en el que la dura coraza construida a base de decepciones, dolor y soledad se abrió un segundo para permitir que su verdadero ser, aquel que aún albergaba, pudiera observar su realidad actual con los ojos de la persona que un día fue.

Dijo que le había matado el hecho de que su madre ni siquiera hubiera intentado detenerlo, sabedora de que se arriesgaba a que su hijo le diera un empujón. Le destrozó que ella ni se hubiese tomado la molestia de dirigirle la palabra, porque sabía que no serviría de nada. Hacía tiempo que no reconocía a su hijo en aquel yonqui, y también sabía que lo último que le convenía era plantarle cara a un adicto en plena crisis de ansiedad.

En definitiva, ver así a su madre por su culpa le partió el corazón. Así que en aquella décima de segundo tomó tres decisiones que le cambiarían la vida. La primera, que hasta allí había llegado, que aquello estaba mal y se veía incapaz de detenerse por sí solo. Necesitaba dejar la droga de inmediato, y necesitaba ayuda.

La segunda fue tan dolorosa como la primera, porque sabía que aquella ventanita de lucidez duraría apenas una décima de segundo y después la ansiedad por la droga (lo que en España llamamos «el mono») le atacaría con tal fuerza que no sería capaz de resistirse. Es decir, tuvo consciencia de que no sería capaz de frenarse.

La tercera (y la acción que pudo haberle costado la vida, pero en cambio se la salvó) consistió en tomar acción. Rápido. No había tiempo que perder. No podía dejar pasar aquel momento de claridad. Era ahora o nunca.

Miró a su madre a los ojos. Depositó la televisión en el suelo. Y se tiró por la ventana.

Un coche que justo entonces pasaba por debajo de casa lo atropelló.

La ambulancia lo llevó al hospital donde estuvo internado varias semanas, con el cuerpo roto pero el alma satisfecha por haberse salvado de una vida de drogas.

Horrorizada y desorientada, la madre le preguntó por qué había intentado suicidarse, a lo que él respondió: «No, mamá, no quiero morir. Pero sabía que la única manera de detenerme y no ir a por drogas era a la fuerza. Al lanzarme por la ventana, al menos me quedaba una posibilidad de vivir; en cambio, si me quedaba como estaba, tenía todas las papeletas de morir. Elegí y gané».

Se trata de una historia muy dura, pero no es la única que conozco. De hecho, tras cada historia de un gran cambio vital hay un momento de *crack*. Una ruptura o grieta en el caparazón que su protagonista se había puesto para protegerse. Un instante que supuso un antes y un después para quien lo vivió.

## PASO 2: Aprendizaje consciente

Una vez que te has decidido a cambiar algo en tu vida, basta con dejar de hacer eso que no quieres hacer. Fácil, ¿verdad?

Tú y yo sabemos que no. Que, por más que la lógica nos diga que no lo hagamos, tenemos tan arraigada esa costumbre que es muy posible que volvamos a ella sin siquiera darnos cuenta.

Ese es el mejor momento para pedir ayuda.

No hace falta que sea ayuda profesional, hablo de algo mucho más básico. ¿Te acuerdas del dicho que afirma que el amor es ciego, pero los vecinos no? Pues esto es similar, porque tendemos a no ver nuestros propios defectos (o a mostrarnos benevolentes con ellos), mientras que los de los demás los detectamos a la primera (y no los pasamos por alto tan fácilmente). Pero, ojo, del mismo modo que ellos detectan los nuestros y tampoco nos los perdonan así por las buenas.

Dicho esto, toca hacer de tripas corazón y pedirle a alguien con quien tengas mucha confianza que te ayude a darte cuenta de las veces en que estás diciendo sí aunque en realidad se note que querías decir lo contrario.

Empieza con cosas pequeñas. Explícale lo que tratas de hacer y pídele su apoyo. Además, invítalo a hacer lo mismo contigo, pídele que te ayude a no sentirte dolido cuando te dice que no, para que así pueda aprender a decirlo con más alegría aún (recuerda: no puedes pedir lo que no das).

Cuando invitas a tu gente a participar de tu proceso, te tendrán mucha paciencia (al fin y al cabo, a todos nos gusta ayudar a nuestros seres queridos) y, probablemente, te muestren con mayor sutileza las cosas que te duelen. Además, lo mismo se suman a empezar este proceso contigo, pues recuerda que ellos también descienden de Borg y no saben decir que no (relee la introducción de este libro, si no recuerdas a nuestro antepasado cavernícola).

Esta es la parte más frustrante del proceso, porque parece que nunca avanzas. Si en la fase anterior te diste cuenta de que quieres cambiar algo, en esta te das cuenta de que... ¡ese algo que quieres cambiar lo haces constantemente!

De hecho, en esta fase te ocurrirán varias cosas:

— **Sorpresa**, al descubrir cuánto lo hacías sin darte cuenta.

— **Frustración**, en los muchos momentos que te sentirás sobrepasado.

— **Ganas de abandonar y confusión**, cuando sientas que no estás avanzando y que ni siquiera sabes si estás yendo bien o si has adoptado la estrategia correcta.

— **Enfado y ganas de matar a quien se ofreció a ayudarte.** Créeme, una cosa es «recuérdamelo cuando lo haga» y otra cosa es vivirlo. Nadie lleva bien las críticas, por más que las haya pedido él mismo o ella misma. Y mucho menos cuando, tras solicitarlo porque pensaba que no lo hacía más que de vez en cuando, de pronto descubre que en realidad lo hace varias veces al día.

Como he dicho, esta fase es la más dura, pues recibirás más golpes que en ninguna otra. Pero recuerda que ya tuviste una fase así nada más llegar a este mundo, cuando estabas aprendiendo a andar. Así pues, recupera esa sabia mentalidad que tenías de bebé y no te tomes de forma personal las caídas, limítate a sacudirte las manos y volver a levantarte. Y si ha dolido mucho el golpe, ve a buscar un poquito de amor para reforzarte en tu camino de aprendizaje.

## PASO 3: Incapacidad consciente

Si la segunda fase era la más dura, porque adquieres consciencia de todas las veces que dices que sí sin pensarlo, aquí llega la buena noticia, pues en la tercera no necesitas que nadie te indique cuándo lo estás haciendo: ahora ya te das cuenta tú sin ayuda de nadie.

De hecho, no sería de extrañar que acabes pidiéndole a esa persona que no te lo diga más, porque ya has abierto los ojos y sabes perfectamente lo que quieres corregir y cuándo lo haces.

Y aquí empieza la magia. Porque, al principio, te darás cuenta *un rato después* de haber cometido el error, así que tendrás que perdonarte por ello y decirte que a la próxima te darás cuenta antes. Pero, poco a poco, ese tiempo se irá acortando, hasta que te darás cuenta *justo después* y podrás corregirlo sobre la marcha. Hasta que llega ese día maravilloso en el que te das cuenta *justo un segundo antes de* hacerlo, así que puedes detenerte a tiempo. Y no sabes lo bien que sienta, porque es un momento de placer y orgullo. La misma sensación que puedes experimentar al alcanzar la cima de una montaña que llevabas tiempo escalando y creíste que nunca alcanzarías.

Además, la dulzura de ese triunfo será proporcional a lo duras que hayan sido las fases anteriores. Y ese sentimiento es la mejor recompensa que puedes tener: la sensación de que al fin eres tú, no tu inconsciente, quien está al volante de tu vida; la sensación de tener la última palabra sobre tu destino.

## PASO 4: Capacidad inconsciente

Ha llegado el momento que estabas esperando. Ese en el que ya ni siquiera lo piensas, pues se ha convertido en una segunda naturaleza para ti.

No me enorgullece admitir esto, pero yo fui fumadora. Ahora hace ya más de seis años que no fumo, y no tengo ninguna intención de retomarlo. Sin embargo, hubo un tiempo en que no fue así. Lo dejaba y volvía, y cada vez me frustraba más que la anterior. Pero lo bueno es que cada fracaso me enseñaba más de mí misma, me mostraba cuán arraigado tenía el hábito y qué lo desencadenaba.

Nos han diseñado para evitar el dolor o buscar el placer. Y las drogas resultan especialmente complicadas, pues son el recurso que nuestro inconsciente ha aprendido a asociar a ambas ocasiones.

Por eso, alguien que atraviesa un momento vulnerable (como dejar una sustancia) o un episodio doloroso (como una ruptura con su pareja), encontrará muy difícil disfrutar de una boda o evento especial, así como superar situaciones duras como un funeral o una mala noticia. Porque parece más duro sin tu soporte habitual. Los momentos dulces saben un poco menos dulces sin él, y los amargos saben peor aún.

La última vez que dejé de fumar, analicé qué había fallado en el pasado. Me di cuenta de que siempre había retomado el hábito en momentos de celebración o de dolor. Mi inconsciente no olvidaba a su amiguito tóxico. Así que busqué una estrategia para aquellos momentos. Y cada vez la necesité usar menos y menos, hasta que desapareció aquella falsa necesidad.

El día que comprendí que había alcanzado la capacidad inconsciente marcó un antes y un después para mí, porque para las celebraciones te puedes preparar mentalmente, pero los golpes de la vida suelen llegar sin previo aviso y nos pillan «en pelotas», sin dejarnos tiempo a reaccionar. Por eso suele costarnos tanto digerirlos y a veces nos dejan en estado de *shock*.

En mi caso, un golpe inesperado me dejó temblando y con lágrimas, sin saber por dónde tirar. Mi marido también estaba en el mismo estado, tratando de tragar una bola que se nos había atravesado en mitad de la garganta, así que en un momento dado salió a fumar (ahora ya tampoco fuma, aunque lo dejó bastante después que yo). Y justo entonces me sorprendí pensando: «¡Estoy en un momento muy duro y, sin embargo, el tabaco no se me ha pasado por la cabeza ni una solo vez!».

De repente, la ausencia del soporte en un momento amargo me supo más dulce que nunca. Supe entonces que había adquirido la capacidad inconsciente.

Quiero pedirte que, a partir de ahora, cuando decidas incorporar un cambio en tu vida (y sobre todo si es uno difícil), incluyas una nota en tu calendario para tres meses después, otra a los seis meses y otra al cabo de un año.

Cuando salte el recordatorio, tómate un minuto para reflexionar en ese viaje. Si ya has conseguido tu objetivo, date un pequeño homenaje. Te lo has ganado.

Por otro lado, si ese recordatorio te duele porque descubres que has vuelto al punto de partida, quiero animarte a que lo vuelvas a intentar. Porque cada intento te enseña una nueva estrategia que tu mente usa para no salir de su zona de confort, con lo que te fortalece más para el próximo intento. Así pues, usa esa experiencia para empezar de nuevo, solo que ahora más sabio y fortalecido.

Recuerda que todos nacemos sin saber hacer nada, y ahora pasamos el 90 % del día haciendo cosas sin pensar. Absolutamente todo lo que haces es aprendido, que nadie te convenza de que no puedes aprender nada nuevo ni reaprender nuevas costumbres. El aprendizaje está tan integrado en tu naturaleza que lo has hecho desde que llegaste a este mundo.

PARTE V

# LOS QUE ABUSAN DE TU BONDAD

# Capítulo 18

# Pedigüeños profesionales

Algunas personas ven en ti solo un cajero automático, una oreja para cuando están tristes, un o una canguro para sus niños…, y suma y sigue. Cada vez que te llaman por teléfono, ya sabes cuál va a ser su primera frase: «Hola, ¿cómo estás? Te llamo para pedirte un favor».

Y, claro, eso te puede dejar muy mal cuerpo, porque a nadie le gusta sentirse un eterno proveedor en lo que a relaciones personales se refiere. Al menos, cuando dichas relaciones son de carácter profesional y estamos proveyendo, recibimos una compensación económica por nuestro trabajo. Pero ¿qué recibimos a cambio cuando somos los eternos proveedores en una relación personal? Nada. Y créeme que he pasado por ahí.

Conocí a una chica que tenía dos hijos, un bar y una vida caótica y desordenada. Cerraba su local a las tantas de la noche, los niños pasaban bastantes horas solos, la casa era un desastre y la despensa y la nevera solían estar vacías.

Se mudaron al lado de mi bar, y ella dijo en voz alta:

—Huy, qué bien, ahora podréis venir a desayunar donde «tita» Carmen cuando queráis.

Sin haberme consultado antes, claro.

Y se lo tomaron al pie de la letra. Tanto que todas las mañanas bajaban a desayunar. Y no me refiero a un vaso de leche y tres galletas, no: pedían *pancakes*, huevos, salchichas... Vamos, desayuno de domingo todos los días. Además, en ningún momento me pedían que lo anotara en la cuenta de su madre, ni ella me preguntaba qué me debía, simplemente se asumía que invitaba la casa.

Aquello era un abuso descarado que no me gustaba un pelo. Pero me costaba decirles que no. Entre otras razones, porque me apenaba que no tuvieran nada de desayunar en casa, razón por la cual un día decidí ir al supermercado a comprarles cereales, leche y galletas para llevárselo a casa.

De todos modos, la cosa no quedaba ahí, por supuesto. Pues la madre tenía el «morro» de pedirme dinero para gasolina, libros, tabaco... Y ese es el problema: a quien le dices que sí una vez con respecto al dinero, te pedirá una y otra vez cuando lo necesite. Naturalmente, a mí no se me ocurría pedirle nada. ¿Qué podía ofrecerme ella, si su vida estaba patas arriba?

Y eso sin contar sus dramas personales. Cada dos por tres se presentaba con historias rocambolescas, más propias de una película de Almodóvar que de una mujer de cuarenta años. Yo no podía dar crédito, aparte de que tampoco estaba familiarizada con aquellas situaciones de las que me hablaba. Cuando venía a contarme sus historias de rupturas, de encontrar a su pareja con una prostituta, de robos y drogas..., me quedaba absolutamente hundida. Le daba mi consuelo, apoyo y cariño, ¿qué podía hacer? Pero luego me quedaba fatal, aunque ella sí solía marcharse fresca como una rosa. No es fácil para personas empáticas como yo digerir tanto sufrimiento de las personas de nuestro alrededor, siempre necesitaba un rato para recomponerme.

Un amigo que nos vio un día me dijo:

—No sé si te has dado cuenta, pero ella es lo que yo llamo un vampiro energético. Se acerca a personas generosas que desprenden luz para absorber de ellas lo máximo que pueda. ¿No ves que cada vez que viene se marcha llena de energía y sonriendo, mientras tú te quedas mal?

Me pilló tan desprevenida que no supe qué decir. Pero, como no me gusta sacar conclusiones al tuntún, decidí hacer lo que suelo en estos casos: observarme.

En concreto, me puse a observar cómo me sentía antes y después de verla, qué tipo de problemas me traía, qué me aportaba nuestra amistad... Y descubrí que mi amigo tenía mucha razón: mi relación con ella me hacía daño. Entre otras cosas, porque yo le ofrecía amistad y a ella solo le interesaba recibir.

En inglés existen los términos *natural giver* y *natural taker*. Los primeros son personas que, por naturaleza, dan a todo el mundo sin distinción; los segundos son quienes toman y toman sin parar. Unos nutren a los demás; los otros son como una sanguijuela o una garrapata que se adhiere a la víctima y le va chupando la sangre hasta que la deja seca. Solo entonces salta en busca de otra víctima.

Un día, cuando mi amiga estaba en plena «movida almodovareña», con juicio incluido y cargos por haber mentido a la policía, le dije que confesara de una vez. Que todo el pueblo sabía que había mentido, por lo que negarlo ante un juez con toda la cantidad de pruebas y testigos que había solo la llevaría a una situación mil veces peor.

Me gritó por no creerla y se fue.

A mí me parecía que le estaba haciendo un favor al recomendarle que fuera honesta, pues por supuesto que había mentido, así que lo último que me esperaba era una estampida a lo Scarlett O'Hara (si no eres una persona cinéfila, es muuuuy posible que no entiendas la referencia que acabo de usar, porque se trata de una película bastante antigua; pero, en tal caso, piensa en la protagonista de cualquier telenovela cuando pilla in fraganti a su esposo siéndole infiel, y podrás visualizar el huracán, la furia, el portazo... todo lo que me «regaló», vaya).

Lo que yo jamás habría sospechado era la paz que seguiría a la tormenta. De repente, mi vida se volvió predecible, en el mejor sentido de la palabra. Cuando mis amigos me contaban sus cosas, la anécdota más sórdida era que el marido de una de ellos no había fregado los platos. Nada de policías, niños dejados a su suerte, alcohol, drogas o sexo con desconocidos en el baño sucio de un bar. Ni rastro de aquello. No más «dame, dame, dame», no más «socorro». Recuperé un nivel de bienestar que ya no recordaba. ¡Bendita predictibilidad!

Así pues, abracé mi nueva y apacible vida mientras mi vampiresa andaba por ahí suelta, buscando otro cuello del que alimentarse. Nada mejor que un ego ofendido.

No te dejes engañar: en el fondo, quienes solo te quieren para que los proveas saben que lo que hacen no está bien, así que lo único que los protege es escudarse en justificaciones. Por tanto, el día en que les dices que no, o que se están pasando, preferirán enfadarse contigo que reconocer su error. Y tenerlos ofendidos en la distancia es lo mejor que te puede ocurrir.

## Cómo lidiar con los pedigüeños profesionales

¿Cómo lidiar con la gente que solo te llama cuando te necesita? Pues depende. Antes de nada, evalúa si esa persona solo te quiere para usarte. Lo más probable es que, si únicamente levanta el teléfono para llamarte cuando necesita algo de ti, vuestra relación se resienta el día que empieces a decirle que no, porque todo apunta a que solo buscaba utilizarte. Así pues, el día que dejes de serle útil dejarás de recibir llamadas.

Pero quizá es una persona especial para ti, o que en el pasado lo fue. En ese caso, házselo saber, dile que te gustaría retomar la relación, pero que no sea algo transaccional. Probablemente, las dos partes lo agradezcáis, porque donde hubo fuego quedan brasas; y, si hubo un tiempo en que teníais una relación equilibrada, es hora de recuperar ese equilibrio.

Sin embargo, si esa persona especial no cambia de actitud e insiste en aprovecharse, tal vez el afecto que le tienes no sea correspondido. En ese caso, te conviene dar un paso al lado para protegerte un poquito, porque nada duele más que un amor no correspondido, y no tienes necesidad de regalarte ese sufrimiento. Limítate a aceptar que esa persona no te quiere, que solo le interesas cuando te necesita, así que tal vez apartarte sirva como un bálsamo para ti, aunque te duela.

## Capítulo 19

# ¿Hijos de Borg o de Judas?

Este libro va dedicado a los hijos de Borg, esos que no saben decir que no porque sienten una profunda culpabilidad si lo hacen. Porque piensan que dar negativas es de egoístas. Porque anteponen las necesidades de los demás a las propias.

Pero existe otro tipo de personas que siempre dicen que sí por motivos menos loables. Al igual que Judas no tuvo el menor inconveniente en compartir mesa con una persona a la que acababa de vender, hay quienes no saben decir que no en público, ni siquiera cuando nunca han tenido la intención de ayudar al otro (a no ser que hubiera una ganancia personal para ellos, claro).

En *Inteligencia maquiavélica: experiencia social y evolución del intelecto en monos, simios y humanos*, los investigadores Richard W. Byrne y Andrew Whiten desarrollaron su teoría de la inteligencia maquiavélica, que intenta explicar por qué nuestro cerebro se desarrolló mucho más rápido que el de otros mamíferos.

Esta hipótesis defiende que nuestra vida en sociedad obligó al cerebro a desarrollarse para adaptarse a un entorno siempre en evolución, lo cual incluye anticipar el futuro y tomar decisiones. Nuestra especie y nuestros primos, los primates, utilizamos el disimulo, la mentira o la manipulación para alcanzar el éxito social (y, si no, que se lo pregunten a un político).

Durante décadas, el profesor Darío Maestripieri estudió a los macacos *Rhesus* por ser los primates más parecidos a nosotros. En convivencia, este tipo de monos crea marcadas estructuras sociales, donde un macho alfa domina hasta a cincuenta machos «inferiores». Los menos dotados quedan relegados a vivir en zonas más vulnerables al ataque de depredadores, y los que pertenecen a «clases sociales altas» tienen mayores beneficios.

Al igual que nosotros, los macacos *rhesus* practican el nepotismo. Es decir, favorecen a amigos y familiares para que tengan acceso a privilegios a los que, en condiciones de igualdad de oportunidades, no podrían aspirar.

Lo que más me llamó la atención de ese estudio es la importancia de guardar las apariencias entre dichos monos. Los machos más poderosos son los únicos que pueden mantener relaciones sexuales en público. Las hembras, en un despliegue de inteligencia maquiavélica, procuran tener sexo con el macho alfa todas las veces que puedan, para asegurarse de que él proveerá por sus crías; pero, a la vez, tendrán relaciones con otros machos a escondidas. La hembra no sabe si el alfa será fértil o si seguirá en el poder cuando ella tenga a sus crías, así que aumenta sus posibilidades de tener un proveedor, en el caso de que varios crean que podrían ser el padre.

Estoy segura de que conoces a más de una persona que podría vender a su madre por obtener una ganancia personal, ¿verdad? Y eso solo pueden hacerlo a través de la mentira.

## El «sí» desinteresado versus el «sí» maquiavélico

Existen dos tipos de personas que mienten al decir que sí: los que lo hacen inocentemente, y los que lo hacen con maldad. Yo he conocido a ambos.

Soy una enamorada de Latinoamérica, donde no solo he vivido varios años, sino que he recorrido muchos de sus países y he trabajado en otros tantos. Adoro sus paisajes inconmensurables, la calidez de su gente y la enorme diversidad de culturas, lenguas y costumbres.

Pero, a veces, mostrarse muy hospitalario tiene un gran inconveniente: sentirse absolutamente incapaz de decir que no, por una necesidad imperiosa de agradar a los demás.

Son auténticos descendientes de Borg. Quieren complacer tanto a los demás que el mero hecho de negarles algo despierta mil inseguridades en ellos. Por tanto, su respuesta estándar es que sí, y luego ya ven cómo salen del apuro.

Un ejemplo muy claro es cuando pides indicaciones en la calle:

— Perdone, ¿puede decirme cómo llegar a la estación, por favor?

Esa pregunta solo tiene dos posibles opciones de respuesta:

1. «Sí, claro. Tome la primera calle a la derecha, después...».
2. «No, lo siento. No soy de aquí»./«No soy muy bueno dando indicaciones»/«No estoy muy seguro de dónde está».

Pero, en demasiadas ocasiones, me he encontrado en países latinoamericanos dando vueltas como una peonza porque a cada persona que le preguntaba me indicaba una dirección distinta.

Con el tiempo, aprendí a detectar cuándo me estaban dando una respuesta solo por no negarme la ayuda. De hecho, es bastante fácil.

Si cuando preguntas a la persona ves que por unos segundos se queda en blanco, te repite la pregunta para ganar tiempo y se para a pensar..., suele ser señal de que su cerebro está trabajando al 1500 % tratando de recordar dónde está la estación (o si alguna vez ha estado allí). Después, cualquier edificio que le recuerde a un autobús le parecerá correcto para indicármelo.

En esos casos, ya aprendí a responderles con un «gracias» y una sonrisa, para luego pasar a preguntarle a alguien más. En otros, preguntaba en voz alta a un grupo de personas, y resultaba muy divertido ver cómo cada una señalaba a un sitio diferente. Entonces los dejaba unos minutos en su concilio debatiendo. «¡Que no! ¡Esa es la antigua estación, ahora está en el barrio sur!». «Pero, ¿qué dices? ¡Si mi hija va allí todos los días!». Tras un largo y arduo debate, me daban una única respuesta, y esa sí la seguía.

Aunque, por supuesto, siempre te queda la opción de preguntar a un taxista o en la recepción de un hotel.

Dicho esto, si estás tentado de pensar que me daban respuestas equivocadas con mala fe para gastarme una broma pesada, te diré que nada más lejos de la realidad. Por supuesto que existe gente mala que busca burlarse de los demás o del pobre turista novato (también ocurre en mi país), pero son los menos, y en realidad su respuesta es muy diferente. De hecho, ese tipo de personas te sonríen y dicen: «¡Claro! Gira a la izquierda aquí, y luego a la derecha...» sin dudarlo ni un segundo. Muestran mucha confianza en sí mismas, así que te dan la respuesta con aplomo y seguridad; y, claro, a tus ojos se convierten en alguien de quien fiarse ciegamente..., cuando, de hecho, te están mandando a la otra punta de la ciudad. Te recomiendo llevar mucho cuidado con ellas.

## ¿Por qué mentimos?

Mentir siempre ha sido un acto cobarde, pues a menudo lo hacemos para evitar las consecuencias incómodas de nuestras acciones. Ocultamos nuestros defectos y debilidades y nos da pánico que nos descubran porque sabemos que no está bien y que podemos afectar a otros.

He trabajado con gente así. Personas que, en cuanto cometían un error, corrían a borrar las pruebas que las podían incriminar. Las veías sudar de los nervios, con miradas evasivas, deseando desviar la atención y cambiar de tema.

Sin embargo, he aprendido que las consecuencias de mentir son mucho peores que las de decir la verdad. Cuando te muestras honesto respecto a algo que puede perjudicarte, quizá de primeras te caiga un (merecido) chaparrón mientras aprendes la lección, pero a la larga el tema queda olvidado.

Recuerdo que, cuando en mi primer trabajo me equivocaba, iba directa a mi jefe y le decía: «Diego, la he cagado». Su respuesta siempre me hacía sonreír: «¿De qué tamaño es la mierda?». Lo que estábamos haciendo en aquellas situaciones —aparte de comportarnos como un par de ordinarios— era asumir que yo no soy perfecta y puedo cometer errores. Al reconocerlos a tiempo, no solo podíamos hacer algo para arreglarlo, sino que yo aprendía cada vez más y mejor la profesión.

Un día, una cliente llamó muy enfadada pidiendo hablar con él para quejarse de mí. Su respuesta me emocionó:

—No sé muy bien qué ha pasado y lo voy a averiguar ahora, pero sí pongo la mano en el fuego por Carmen, porque me mantiene informado de todos sus expedientes y estoy convencido de que no ha hecho nada malo.

En cuanto colgó el teléfono, me dijo:

—Carmen, por Dios, dime que no me acabo de quemar la mano.

Por supuesto que no se la había quemado. De hecho, yo ya tenía el expediente en su mesa con mis decenas de mensajes a la cliente, en los que le decía: «Si no confirma para esta fecha, van a perder estas condiciones que nos da el proveedor». Por desgracia, la fecha se le pasó, así que, para cuando quiso confirmar, ya se habían perdido las condiciones iniciales. Y, sabiendo que tenía que reconocer ante sus superiores que se había equivocado, le resultó más fácil llamar a mi jefe a ver si él podía obrar un milagro. Y, ya de paso, culparme a mí. Probablemente, para que su jefa no se enterara del error, estaría en su oficina borrando mis múltiples recordatorios de que se acercaba la fecha límite.

## Ten cuidado con los mentirosos

«Bueno, haré lo de siempre: diré que sí, y luego haré lo que me dé la gana».

No di crédito cuando escuché aquellas palabras de Susana. ¿Sería posible que alguien, a conciencia y a propósito, dijera que sí para luego no responder de sus palabras? ¿Existe gente que miente tan descarada y habitualmente que no solo lo hace para cubrirse tras un error, sino que lo planifica a propósito?

Supongo que mi nivel de inocencia para ciertos asuntos no conoce límites. Porque no importa cuánto estudiara el comportamiento de los monos, siempre me llamaría la atención descubrir este arte del engaño en personas de mi entorno.

Y sí, lamentablemente, la respuesta a lo que acabo de preguntar es que sí. Claro que existe gente como esa, y son muy dañinos. Pero lo peor es que están por todas partes.

Por si te lo estás preguntando, naturalmente que he mentido a veces en mi vida. De hecho, justo gracias a mentir he aprendido que prefiero mil veces las consecuencias de decir la verdad, pues me ayudan a dormir mejor.

Pero, cuando hablo de esas otras personas, me refiero a las mentiras maquiavélicas que dicen para protegerse a sí mismas, no las que decimos en ocasiones para proteger a las personas que más queremos. Una vez aclarado esto, tampoco estoy muy a favor de esas últimas, pero al menos surgen de una muestra de amor (aunque sea un amor mal entendido). A medida que envejezco, trato de ser cada vez más honesta. Con mucho tacto y diplomacia, intento tener esa conversación incómoda, en vez de fingir que no pasa nada. Porque, como se dice en España, «más vale una vez colorada que ciento amarilla».

Aunque insisto: eso no significa que nunca mienta. De hecho, lo hago más de lo que me gustaría (porque, la verdad, me gustaría no mentir nada en absoluto). Y lo mío suelen ser esas mentiras que llamamos «piadosas» —aunque de piadosas no tienen nada—, «mentirijillas» para no herir a otros. A veces, más que mentir con todas las letras, oculto la verdad, algo que a mi conciencia le sirve porque, «total, no estoy mintiendo, simplemente no digo nada». Aunque soy consciente de que las verdades a medias son las peores mentiras.

Pero hay personas que mienten a todas horas. Por deporte. Porque es su estilo de vida. Y te pueden enloquecer. Son las que, a conciencia, te dan una dirección mal. Si horas después te las encuentras de nuevo, y estás sudando y con los pies destrozados de caminar de un lado a otro, no dudarán en fingir compasión y decirte: «¡No, hombre, no! ¡Yo no te dije que giraras a la izquierda, sino a la derecha!

¿En serio hiciste esto? Madre mía, la de vueltas que habrás dado…, ¡pobre!». Y, una vez más, te mandarán a la otra punta de la ciudad. Porque te aseguro que en ambas ocasiones están deseando encontrarse con un conocido para contarle su última hazaña de cómo le han tomado el pelo a un turista pardillo.

A diferencia de los hijos de Borg, los descendientes de Judas no sienten opresión en el pecho cuando se comprometen a hacer algo por los demás, aunque no les venga bien. No creen que dar una negativa sea egoísta, ni anteponen las necesidades de los demás a las suyas. Todo lo contrario: se comprometen a sabiendas de que no lo van a hacer; pues, para ellos, decir que sí no conlleva ninguna obligación, sino más bien muchas recompensas a corto plazo, ya que van «quedando bien» por doquier.

Después te descartarán con cualquier excusa, desde las más elaboradas hasta la más burda (no cogiéndote el teléfono, por ejemplo).

Cada vez que alguien miente de forma premeditada sabiendo que no va cumplir, su palabra vale cada vez menos, hasta que llega un momento en el que no te fías nada de esa persona. Porque, si te miente para comprometerse, ten por seguro que ya tiene pensada una mentira para justificar por qué no lo hizo o para dejarte tirado en el último minuto. La idea es que captes el mensaje tú solito y dejes de pedirle nada.

Es tan cobarde como los que no tienen valor de dejar a su pareja y empiezan a actuar de manera muy distante con la esperanza de que sea la otra persona la que corte la relación.

En España se los llama «bienquedas», porque te dicen que sí, pero no porque les salga del corazón, sino para quedar bien. También se los conoce como «falsos», sin más.

Como ya te he comentado, la mentira es un despliegue de cobardía por parte de quien la dice. Y los *bienquedas* necesitan quedar bien a toda costa, razón por la cual te volverán a mentir cuando se acerque el momento de hacer el favor. Así pues, doblemente cobardes.

Susana y otros doblemente cobardes defenderán su historia falsa a capa y espada, porque pillarlos en su mentira equivale a desmontar su personalidad, y eso les da pánico. Como decía mi vampira energética con sus historias almodovarianas: «mentir hasta el final», aquel era su mantra.

El problema es que el refrán «se pilla antes a un mentiroso que a un cojo» es muy cierto, pues tarde o temprano la verdad sale a la luz. El mentiroso compulsivo buscará una manera de darle la vuelta a sus palabras para quitarse responsabilidad; pero, cuando descubra que ya no tiene escapatoria y se sepa descubierto, prepárate, porque te acabas de crear un enemigo.

¡Y vaya enemigo! Porque una cosa es caerle mal a alguien; y otra, que un maquiavélico te tenga en el punto de mira. Te aseguro que alguien sin valores ni ética que busca siempre su ganancia personal es el peor enemigo que te puedes crear.

## ¿Qué oculta la mentira?

Los mentirosos compulsivos suelen ser tremendamente inseguros, por lo que su única manera de sentirse a salvo es mostrarse encantadores en público, para que nadie les pueda reprochar nada. Nunca te declararán la guerra abiertamente, sino poquito a poco y a escondidas. Porque la suya es una guerra diferente: de tipo psicológico.

Lo que esa clase de mentiroso busca en realidad es manipular a los demás, como veremos a continuación:

— Al mentir para quedar bien, manipula a otros para que crean que es quien no es.

— Al mentir para ocultar sus mentiras, está creando una historia paralela a la realidad y manipulando a otros para que duden de sí mismos. «¡Yo nunca te dije eso! ¡Debiste de entenderme mal!», aseguran con una sonrisa radiante. Y entonces su interlocutor se queda con la horrible sensación de pensar que quizá se está volviendo loco, porque «yo juraría que sí me había dicho esto, pero la veo tan convencida que supongo que no me enteré bien».

— Al mentir para conseguir sus objetivos, está usando a los demás.

Si desenmascaras a un mentiroso compulsivo, tendrá tanto pánico a que desmontes su fachada que hará lo imposible por evitarte. De este modo, si tenéis amigos comunes, intentará apartarte de ellos. Recurrirá a los medios que haga falta para hacerte saber que no eres bienvenido; pero, cuando te vea en persona, no dudes que se comportará como si fuerais los mejores amigos (porque, recuerda, quedar bien es su prioridad). El libro *Doña Perfecta*, de Benito Pérez Galdós, describe con maestría ese tipo de personalidad.

Por eso hace tiempo que decidí tener amigos imperfectos. Que meten la pata hasta el fondo de vez en cuando, como yo. Que a veces pierden la paciencia, incluso si eso implica quedar mal. Que saben decirme que no y después pedir perdón sincero cuando me hacen daño. Que me dicen que sí y, cuando cambian de opinión, son capaces de reconocer su equivocación.

Es un estilo de amistad incluso aburrido, si vamos al caso, porque está exento de dramas. Pero también es amable, fluido y muy duradero.

De hecho, conservo amigos de todas las etapas de mi vida, desde mi más tierna infancia hasta mi época universitaria, pasando por la secundaria o el mundo laboral. Y en todos se da esa predictibilidad, esa sencillez de «te veo cuando pueda verte; y, el día que quedemos, sé que retomaremos como si no hubiera pasado el tiempo». Esa gente es la que da sentido a la vida. ¡Benditas amistades aburridas y libres de dramas!

Por otro lado, a lo largo de mi vida también he conocido a muchos *bienquedas* como Susana. Y son esos los que me han llevado al borde de la locura. Porque yo puedo aceptar un cambio de opinión, pero no que me digan un día una cosa, al siguiente otra, y que luego mantengan que siempre dijeron lo mismo, que soy yo la equivocada.

Porque llega un punto en el que te descubres creando capturas de pantalla de vuestras conversaciones, anotando exactamente lo que te dijo y cuándo lo hizo, solo para poder confirmar que no has perdido la cabeza. Y es una situación horrorosa. Ya la he vivido con varias personas y no se la deseo a nadie.

Tan poderosa es esa estrategia de manipulación y debilitación del otro que constituye la base de la novela *1984*, de George Orwell, en la que dibuja una sociedad distópica donde controlan a sus ciudadanos a través del miedo, y cada día les cambian los libros de historia para que duden de sí mismos.

Y, lo que es peor, hoy el *bienqueda* podrá estar torturándote psicológicamente, y mañana saludarte como si fuera tu mejor amigo, con lo que te quedas creyendo que quizá todo lo que ocurrió el día anterior había sido un mal sueño. Que lo mismo te lo has inventado porque *alguien tan encantador no puede tener un resquicio de maldad, ¿no?*

Cuando yo vivía en Sudamérica, conviví con un amigo que me caía muy bien..., pero que era muy peculiar. Estaba siempre discutiendo con gente, y en Internet tenía comportamientos de trol. Esto no es una conclusión personal que yo haya extraído, pues me consta que él estaba orgulloso de aquellas peleas. De hecho, a veces incluso nos mostraba en la pantalla de su ordenador la última pelea con su víctima más reciente.

Poco a poco, vi cómo la gente se apartaba de él. A mí me apenaba porque lo consideraba un chico inteligente y divertido, y disfrutaba mucho de nuestras charlas. Lo que no me gustaba era que siempre culpaba a otros de sus problemas, él nunca tenía la culpa de nada; pero, por lo demás, pasamos muchas tertulias charlando de la vida, de viajes, de libros...

Hasta que un día me tocó a mí. Mi marido y él habían sido grandes amigos, pero Duncan comenzó a distanciarse, cansado de sus dramas y sus peleas. Una de mis grandes batallas personales es la de dejar ir a las personas que quiero. Siempre me quedo ahí, a capa y espada, viendo si podemos rescatar el cariño que nos unió. Así que aquella vez quise proyectar tal dinámica en Duncan. Intenté a toda costa que se acercara de nuevo a nuestro amigo, que le diera otra oportunidad. Mientras, aquel decidió que la causa del alejamiento de Duncan se debía a un factor externo: yo (que, según pensó, lo estaba manipulando para separarlos). Ironías de la vida.

Al mismo tiempo, como yo estaba conviviendo con mi amigo, este seguía haciéndome luz de gas, diciéndome una cosa hoy y otra mañana, sin admitir nunca sus vaivenes. La guerra psicológica fue constante, hasta que un día no pude más y me mudé. Tuve una discusión con él, en la que le dije que estaba harta de su maltrato. Incluso levanté la voz (algo impropio de mí), pues me sentía furiosa e injustamente tratada. Al llegar a mi nueva casa, lo bloqueé en Facebook (lo cual tampoco me caracteriza en absoluto).

Me costó meses reponerme de aquello y borrarlo de mis pensamientos. Le había puesto la otra mejilla una y otra vez, y él se había limitado a tratarme a patadas, así que yo no sabía si estaba más dolida con él por hacerlo o conmigo misma por consentirlo. Y lo peor era que seguía echando de menos nuestra amistad y sin entender qué había pasado.

Años después, se presentó en mi restaurante en España con una chica. Cuando lo vi llegar a lo lejos, se me heló el corazón. No sabía qué decir o hacer. ¿Cómo se saluda a alguien que te ha costado borrar de tu vida?, ¿a alguien que te ha hecho tanto daño?, ¿a alguien a quien tienes bloqueado en las redes sociales y a quien gritaste en vuestra última interacción mientras él, literalmente, se reía de ti?

Yo no sé hacer eso. Solo pude quedarme helada. Mi amigo Nick lo percibió enseguida y, desde donde estaba, me preguntó con un gesto si me encontraba bien. En aquel momento, debía de parecerme a un conejo deslumbrado por los faros de un coche.

Cuando mi examigo entró por la puerta, abrió los brazos, desplegó una enorme sonrisa y gritó: «¡Eeeyyy, Carmen! ¡Cuánto tiempo!», tras lo cual vino raudo a abrazarme. Incapaz de moverme aún, mis brazos siguieron pegados a mis caderas mientras él hacía aquel despliegue de amistad y «colegueo».

Los invité a cenar por deferencia a tiempos compartidos, pero, cuando me preguntó si podían quedarse a dormir en mi casa, comprendí el motivo que subyacía tras todo aquel afecto fingido. Estaba siendo la tonta útil, y él esperaba que su pequeña actuación sirviera para que yo me olvidara de todo. Que, aparentemente, la mejor manera de resolver las cosas era fingir que nunca habían ocurrido.

Y lo peor es que le habría dicho que sí; entre otras cosas, porque no sabía decir que no. Por suerte, mi marido y yo nos estábamos quedando en casa de mis padres, al igual que unos amigos, mis hermanos y sus parejas, y unos primos míos. Tenían incluso el sofá ocupado. Así pues, y en contra de mi voluntad, no pude hacerle el favor.

Siempre estaré agradecida a mi imposibilidad de decir que sí en aquel momento, porque lo único que podría haber salido de allí era retomar una falsa amistad, dolorosa y abusiva.

Cuando les dije que lo sentía un montón, pero que no podía ser, se fueron sin despedirse.

Por lo visto, no me quería tanto como su saludo había indicado, «¡qué sorpresa!».

## El maquiavélico siempre culpa a otros

Mientras tejen su enferma trama, este tipo de personas buscarán culpar y responsabilizar a los demás de todo. Absolutamente de todo. Como se muestran amables contigo en público, dan por hecho que eso debería bastar para que te rindas ante ellos.

«Si ya sabes que soy incapaz de decir que no, ¿para qué me pides nada?».

Con aquel descaro, Susana me estaba culpando de haber malinterpretado su oferta de ayuda. Es tan retorcido que parece un chiste. Pero es así, algunas personas te dicen «no sé decir que no» y, en vez de asumir su responsabilidad y aprender a negarse, esperan que los demás aprendamos a diferenciar cuándo nos han dicho un «sí» de corazón y cuándo lo han dicho por salir del paso. Y se supone que la culpa de no haberles sabido leer la mente es tuya.

Por eso Susana, como otros maquiavélicos, encuentra mucho más fácil decirte que sí, y luego hacer lo que le da la gana. Así cuidan ellos su tan valiosa imagen pública, y luego solo tienen que mentir un poco más para librarse de sus responsabilidades. Como te quejes, es culpa tuya por no haber sabido que a ellos no se les puede pedir nada debido a su incapacidad para negarse. Ah, y además te culpan de estar haciéndote la víctima, «¡con lo fácil que sería nuestra relación si te limitaras a hacerme favores y no pedir nada a cambio!». El mundo al revés.

## El manipulador siempre busca gente moldeable.

Para un manipulador, las demás personas somos proyectos. Como un montón de arcilla esperando a que la moldeen, los mentirosos compulsivos buscan minar poco a poco la confianza de una persona hasta que la vuelven totalmente dependiente de ellos.

Y esa característica se ve muy a menudo cuando están en pareja. De hecho, conozco un montón de ejemplos, y estoy segura de que tú también. Cuando una persona de tu entorno comienza una relación con un manipulador, de primeras te parece la persona más encantadora del mundo. Siempre sonriendo, siempre dispuesto, te elogia y te halaga, te hace confidencias... Es como si tendiera una tela de araña en la que te atrapa sin que te percates, al hacer que bajes todas tus defensas. «Porque alguien así de maravilloso es incapaz de hacer nada malo, cómo me alegro de que mi amigo/a esté con ella/él, ¡qué suerte ha tenido!».

Pero, en el momento en que el mentiroso tiene a esa persona afianzada, bien sea por matrimonio o por un primer hijo en común, empieza a mostrar su verdadera cara. El primer paso siempre es el maltrato psicológico. Empieza cuando al maltratador no le parece bien nada de su pareja, así que se pasa el día señalándole sus «defectos» para que cambie. Rara vez mencionará sus virtudes.

Y con ello comienza el drama. Porque, si la pareja es muy dócil, optará por callar. Pero, si es de naturaleza más peleona, entrará en el juego de defenderse o incluso de intentar separarse. Ahí empieza la dinámica de «castigo-premio» para hacer sufrir al otro: las peleas cada vez serán más crudas; y las reconciliaciones, más maravillosas. Ambos empezarán a vivir en extremos que pasan del odio profundo al amor a quemarropa.

Por eso es común oírlos decir: «Cuando estábamos bien, era espectacular». Claro, al igual que, si a todas horas sientes un dolor constante y de pronto un día se detiene, te sientes muy aliviado: porque ya te habías olvidado de cómo era tu vida sin aquel dolor anulándote todo el tiempo.

Sin embargo, el mayor problema del drama está en que resulta adictivo. Te acostumbras a vivir una montaña rusa de emociones y, cuando una buena persona te ofrece cariño, respeto y paz, te parece aburrido.

La segunda fase del maltrato es el aislamiento. De criticar a su pareja, el manipulador pasa a criticar a todo el entorno de esta, mientras ofrece como única alternativa un entorno aislado que él habrá creado o, como mucho, el entorno personal de él. El objetivo consiste en alejarla de todo aquel que le pueda recordar quién era ella, o de quienes le dan una cierta estabilidad emocional. Y todo ello para crearle dependencia.

Esta dinámica resulta fácil de detectar, porque la persona maltratada empieza a tener problemas con la gente que siempre había estado a su lado. Así pues, se empieza a alejar de ellos y, por supuesto, los culpa de ese distanciamiento que ella misma ha favorecido.

El alejamiento es necesario porque el manipulador siempre se ha apoyado en una personalidad fingida, y sabe que con el tiempo la gente terminará descubriendo quién es él en realidad. Por tanto, decide poner distancia para que no puedan ver que ese espectacular teatro que ha creado se sostiene en pilares de cristal.

Además, el silencio es condición necesaria para que se perpetúe un abuso, razón por la cual lo peor que le puede ocurrir al manipulador es que se sepa descubierto, ya que en tal caso perdería toda la influencia que ejerce sobre el manipulado.

Llegados a ese punto, deja de haber conflictos. El dócil ya ha decidido que no le compensa discutir más, y en sus ojos se lee una mezcla de resignación y cansancio. La relación con el manipulador ya no es de amor, sino de dependencia.

En una tercera fase, a medida que el dócil se aleja de sus seres queridos y se acerca al entorno del manipulador, empieza a mimetizarse cada vez más con este último. Es como si el otro le hubiera dictado qué decir en cada momento, de forma que, cuando el manipulado por fin habla con un viejo ser querido, este último no logra reconocerlo, ni en sus gestos ni en sus palabras. Además, la persona manipulada siempre se muestra tensa y a la defensiva.

Si sospechas que alguien de tu entorno está atravesando esa situación, una forma sencilla de salir de dudas es que le ofrezcas un plan: «*¿Te apetece vernos para un café el fin de semana?*». Si esa persona empieza a responder con evasivas, se pone nerviosa o incluso entra un poquito en pánico, ya sabes por qué: no es capaz de darte una respuesta sin pedir permiso antes, pues sabe que pagará las consecuencias de tomar una decisión por su propia cuenta.

Para entonces, el triunfo del manipulador es completo. Porque no solo se ha desembarazado de todos los que podían desenmascararlo, sino que, en un retorcido giro de guion, consigue que parezca que ha sido idea del dócil. Tras años de malmeter, de crear pequeños conflictos y tensión donde no la había, de llevar al entorno a la locura con verdades a medias y mentiras enteras, consigue el fruto tan anhelado: que tanto el dócil como su gente tiren la toalla. Y no es de extrañar que lo hagan, pues no merece la pena vivir siempre con los nervios de punta para, además, solo recibir una coz tras otra.

Creo de todo corazón en dar segundas oportunidades a las personas. Estoy convencida de que todos tenemos una maravillosa capacidad de cambio, y que los hijos de Judas pueden dejar de mentir o de aprovecharse de los demás para disimular sus inseguridades y miedos. Pero, mientras piensen que no están haciendo nada malo, mientras no tengan la menor intención de cambiar, te recomiendo que te relaciones más con los hijos de Borg.

Si conoces a un manipulador, más te vale limitar al máximo tus interacciones con él, pues te llevará por un camino de espinas del que solo saldrás herido. Además, como peca de rencoroso (por si no lo hacía de bastantes cosas), lo tendrás ahí en las sombras planificando cómo hacerte daño o cómo demostrarte quién manda. Y en el juego del poder siempre lleva las de ganar, porque se ha pasado la vida entera practicando.

Dicho esto, si una persona a quien quieres está en esa situación, te recomiendo que te apartes a un lado, porque no puedes prestar ayuda a quien no la quiere, y además te acabaría costando la salud. Limítate a decirle que estás ahí para ella cuando se encuentre lista. Y no olvides que es ella quien ha elegido vivir así.

Cuídate de quien no sabe dar negativas por el mero hecho de proteger su propia imagen, más que por sincera generosidad. Porque alguien así te está haciendo un truco de magia para que veas una ilusión, una realidad que no existe.

De todos modos, te aseguro que el tiempo pone a todo el mundo en su lugar; y a esas personas se las termina desenmascarando tarde o temprano.

## Capítulo 20

# Tu negativa es un regalo doble

Pero ¿cómo voy a regalar algo negativo? Sé que suena contradictorio, porque decir que no casi se interpreta como un castigo, ¿verdad?

Bueno, eso depende. Porque si algo he aprendido es que, cuando dices que no, estás haciendo un doble regalo. En primer lugar, un regalo para ti, porque estás decidiendo escuchar a tu corazón y no entregar nada (o no entregar*te* en nada) que consideres forzado. De esa manera, cuando accedes a algo, puedes hacerlo sintiéndolo de verdad y disfrutar de la maravillosa experiencia de regalar sin esperar nada a cambio.

Y, en segundo lugar, un regalo para tu relación con esa persona porque, aunque a priori le pueda molestar no haber conseguido su objetivo, estoy segura de que sabrá apreciar tu honestidad, sobre todo si lo dices con cariño. De hecho, las relaciones de más confianza son aquellas en las que nos sentimos cómodos diciendo que no, pues siempre nos cuesta más decírselo a alguien con quien no tenemos mucho trato o procedente de un contexto laboral, por ejemplo.

Una de mis mejores amigas es una maniática de la limpieza. En serio, en su casa podrías tranquilamente abrir un túper de lentejas, desparramarlo por el suelo y comer directamente de allí. Y aún te digo más: podrías hacer eso incluso en el suelo de su baño. No he visto un sitio más impoluto, ya quisieran muchos hospitales.

En cambio, en mi caso, decir que soy más relajada es quedarme corta. Yo más bien tiendo al caos absoluto y tengo que ponerme trabas y cortapisas para no ceder a mi naturaleza caótica.

Dentro de nuestras múltiples diferencias, ambas hemos encontrado un espacio en el que nos queremos mucho y nos lo pasamos mejor, seguido por otros momentos en los que una de las dos, o las dos, necesitamos nuestro espacio porque nuestros diferentes mundos nos lo piden.

Cuando volví a mi ciudad, me puse a buscar una habitación para alquilar. Y, como justo en aquel momento mi amiga también buscaba compañera de piso, enseguida me propuso irme a vivir con ella. Me salió del alma la respuesta: «Te lo agradezco, pero no, porque quiero que sigamos siendo amigas». Y ella lo comprendió al instante.

Si yo nunca hubiera vivido en un piso compartido, le habría dicho que sí, sin dudarlo, pero ya tenía unas cuantas canas para conocer las dinámicas que hay en los pisos. Sabía que tendría miedo de olvidarme una taza de café en el salón, y que ella a su vez estaría incómoda de sentir que yo no respetaba sus estándares (no me importa limpiar, obviamente, pero sus estándares son muuuuuy elevados para mí).

Casi veinte años después, seguimos siendo amigas.

Aquel «no» que le dije a tiempo, y que a mí misma me sorprendió por no estar acostumbrada a darlo, fue un regalo para las dos, ya que afianzó nuestra confianza y evitó un montón de potenciales situaciones conflictivas que ambas sabíamos acabarían produciéndose.

## No existen las emociones negativas

Cuando me inicié en la meditación, la analogía que más me gustó fue la de observar la carretera. Consiste en imaginar que vas caminando por el campo, subes a lo alto de una loma y te sientas en una roca a observar la carretera que hay debajo.

A veces está vacía, otras verás algunos coches circular y otras se habrá formado un atasco.

Pues bien, esos coches son tus pensamientos y tus emociones. En clases de meditación, nos piden sentarnos a observar y, cuando pasa un «coche», que nos limitemos a observarlo con la misma distancia con que estaríamos observando la carretera y etiquetarlo como «pensamiento» o «emoción».

A veces serán coches enormes o muy llamativos que arrasarán con todo lo que tienen por delante. Y no pasa nada, pues tu objetivo consiste en seguir observando y no montarte en ninguno de ellos.

Es decir, tener emociones y pensamientos no solo no es malo, sino lo más natural del mundo. El problema es cuando interactuamos con ellos, nos los creemos e incluso nos dejamos llevar. Ese es el mayor problema y la raíz de nuestro estrés y de todos nuestros conflictos.

Por ejemplo, un padre que ve a su hija adolescente salir de noche con amigas sabe que hay mil peligros ahí afuera esperándola. Pues bien, si se trata de un padre reflexivo, observará sus propios sentimientos de miedo y angustia y entenderá que forman parte de la experiencia paterna. Se permitirá tener esos miedos, pero no dejará que lo arrastren, y se recordará que amar es dejar en libertad. Después se entretendrá con cualquier actividad y dará un gran abrazo a su hija cuando ella regrese.

En cambio, un padre ansioso estará dando vueltas por casa como un león enjaulado, imaginando mil desenlaces horribles a esa salida nocturna, y no descansará hasta que su hija vuelva. Y, como a esta se le haga tarde por algún motivo, se quede sin batería o no responda a un mensaje, puede estar preparada para una reacción de ira que a cualquiera le parecería desproporcionada y fuera de lugar —a cualquiera menos al angustiado padre, claro—.

## Las emociones «negativas» nos ayudan a procesar

Tanto en comunicación no violenta como en el mundo de la meditación se habla de no calificar las emociones, ya que estas nos ayudan a procesar situaciones que no siempre nos resultan fáciles o deseables, y que a veces ni siquiera queremos afrontar.

Aun así, dado que evitar el dolor y buscar el placer está en nuestra naturaleza, tendemos a calificar de «negativas» esas emociones incómodas que expresan dolor. Por eso preferimos evitar la angustia, el miedo o la tristeza, mientras abrazamos sin tapujos las emociones de alegría, diversión y conexión (aunque, en realidad, estas últimas nos desequilibren tanto como las primeras).

Sin embargo, voy a cambiarte un poco la perspectiva poniéndote un ejemplo. Imagina que muere tu padre. O que tu pareja te pide el divorcio. O que te comunican que tienes una enfermedad terminal. Sí, sé que es duro pensar en ello. Pero ahora imagina que no tienes capacidad de llorar. ¿Podrías siquiera concebir una realidad en la que no tienes modo alguno de ponerte triste, llorar o gritar de rabia o frustración? ¿Cómo procesarías las situaciones desafiantes que te depara la vida constantemente? Te parece inconcebible, ¿verdad? Tanto como pretender digerir un entrecot o una fabada sin un estómago con que hacerlo.

Pues te diré que hay situaciones peores. De hecho, algunas personas le tienen tanto pánico a enfrentarse al dolor que intentan taparlo a toda costa. Son los típicos que te dicen que tienes tantos motivos para sonreír que casi es un pecado que te entristezcas. «Pero si solo era una casa, ¿qué más da que nos hayan echado a la calle? Hay gente que está peor que nosotros, ¡deberíamos celebrarlo porque estamos vivos!».

Esa gente, que tantas ganas nos da de matarla lenta y dolorosamente, tiene el síndrome de la positividad tóxica, el cual se produce cuando alguien exageradamente positivo u optimista se vuelve tóxico a fuerza de negarte el derecho a procesar tu dolor por la pérdida que estás experimentando.

Porque, si bien alguien puede ser un optimista incorregible que siempre ve la botella medio llena y oportunidades en todas partes, eso no debería impedirle tener los pies en la tierra y sentir dolor cuando algo duele. Lo contrario a sentir dolor ocasional nos deshumaniza.

## Las emociones siempre terminan saliendo a la superficie

> «Estoy ahogando mis penas en alcohol, pero las condenadas flotan».
>
> Un borracho a otro

Cuando mi abuela murió con casi cien años, me enfrenté a un complejo dilema: ¿estaba bien que me pusiera a llorar o no tenía mucho sentido? La lógica me decía que llorar estaba de más. Al fin y al cabo, ella ya había vivido muchos años y, además de encontrarse muy achacosa, tenía derecho a descansar de una vez.

Pero sentimos lo que sentimos, no podemos evitarlo. Y el corazón tiende a ignorar a la lógica. Así pues, le escribí un sentido epitafio que leí en su funeral, tratando de disimular mi enfado hacia ella porque aquel día estaba rompiendo la promesa que me había hecho en mi infancia: que no se iba a morir nunca. Y una abuela que se precie no debería mentir.

Así que allí estaba su nieta, una mujer de cuarenta y un años que, convertida de nuevo en una niña de ocho, le estaba reprochando que se hubiera ido. Una mujer-niña hablándole al ataúd con una mascarilla que apenas disimulaba aquella voz quebrada por un enorme nudo en la garganta.

Además, las palabras de consuelo de los asistentes no ayudaron mucho: «bueno, ya estaba mayor», «ya le tocaba», «todos tenemos que pasar por ahí» … Por muy buena intención que tengan, ninguna sirve de consuelo, porque lo que nos duele de la muerte es la ausencia que deja esa persona, el vacío que nadie puede llenar, los abrazos que nunca más te dará, la voz que nunca escucharás.

Por otro lado, si además la persona que fallece es joven, se añade el dolor por su propia pérdida, por todas las vivencias que ya nunca podrá tener: su primer beso, su primer viaje, su boda, sus hijos…, en definitiva, su vida.

Pero eso no resta ni un poquito a la sensación de «*pa'* esto hemos quedado» de despedir a alguien.

En cualquier caso, siguiendo las convenciones que se esperaban de mí, intenté no llorar más de lo razonable, teniendo en cuenta la edad de mi abuela. Cuantos más años tiene el fallecido, menos lágrimas se permiten. «Como debe ser».

Una semana después, estaba en mi restaurante cuando llegaron dos parejas a la vez. Cada una se sentó en una mesa, aunque ambas estaban muy cerca la una de la otra, así que pude cantarles el menú al mismo tiempo:

—Entre los entrantes tenemos crema de verduras, brochetas de cerdo al curri y tosta de la yaya.

Como ya había hecho mil veces antes con otros clientes, procedí a explicarles el nombre del tercer entrante.

—«Yaya» es como llamo a mi… —comencé a decir, pero de repente me detuve en seco—. Como la *llamaba*. Como llamaba a mi abuela.

Un simple giro verbal. Una palabra de tres sílabas. Un cambio del presente al pasado. Aquello bastó para que me derrumbara allí mismo. En aquel momento, ante dos mesas con cuatro atónitos comensales, rompí a llorar. Pero a llorar como no lo había hecho en mucho tiempo.

Todos los «gracias, sí, es ley de vida, y al menos la disfrutamos mucho tiempo», «sí, estaba ya muy mayor» que me habían impedido llorar cuando tocaba, es decir, en su funeral y rodeada de seres queridos, se convirtieron allí en mi restaurante y ante cuatro clientes en uno de los momentos más incómodos de mi vida.

Porque otra cosa que caracteriza a los *shocks* es que nos impiden reaccionar de manera racional. Simplemente, dejamos de ser nosotros mismos. Por eso, aunque en frío y a toro pasado la lógica me dice que en aquel momento debería haberles pedido que me disculparan y retirarme hasta que me hubiera calmado, la realidad fue bien distinta: me quedé allí, petrificada, llorando a mares delante de cuatro perfectos desconocidos mientras intentaba seguir cantando la carta.

Sí, así de ridículo, seguí cantando el menú (más bien balbuceándolo) mientras liberaba un río de lágrimas. Vamos, que elegí fingir que no pasaba nada, a ver si no se daban cuenta. Imagina lo ridículo de la situación.

Y eso es lo que ocurre cuando reprimimos nuestras emociones «negativas».

**Moraleja:** Abraza todas tus emociones, tanto las que te hacen volar como las que te hunden. Abrázalas y dales su espacio para que te sanen por dentro en un entorno controlado, en vez de arrasar como una apisonadora con todo tu mundo.

Pero intenta no dejarte llevar eternamente por ellas. Ponles un plazo para sentirte más equilibrado o para buscar ayuda, si lo necesitas. Las emociones intensas pueden arrastrarnos como una riada y necesitamos tener un ancla y ponerles freno. Una cosa es darte permiso para estar triste un día o dos, comerte dos kilos de helado y ver siete películas melancólicas de golpe; y otra muy distinta, dejar que esa tristeza te invada durante meses y te haga evadirte del mundo.

PARTE VI

# ABRAZANDO TU NUEVA LIBERTAD

# Capítulo 21

# Sí…, pero a mi manera

Me ha parecido importante añadir este capítulo porque, precisamente, lo que me impulsó a escribir este libro fue haber dicho que sí.

Imagino que te habrá sorprendido lo que acabo de afirmar, pero no te estoy engañando: le dije a alguien que sí. Pero con condiciones. Y no le sentaron muy bien.

Aunque, ojo, las condiciones tampoco eran como cuando de pequeña le decía a mi hermano: «¿Quieres un trozo de mi tarta? Vale, a cambio de que me des un besito y me digas que soy la mejor hermana del mundo y la más guapa, y que todos los días des las gracias por tenerme en tu vida. De hecho, dime que soy tu ama y señora».

Si a día de hoy hubiera puesto condiciones semejantes, quizá habrían sonado un poco excesivas. Pero tranquilo, que no llegué tan lejos.

Esta persona me pidió un favor y tuve la desfachatez de negociar los términos:

—No me viene bien a esa hora, pero sí puedo treinta minutos después.

Cuando me dijo que media hora después no podía ser, le contesté:

—De acuerdo, entonces a la hora que has dicho, pero ¿qué te parece en este otro sitio, que me viene mejor?

Ahí fue cuando masculló un «déjalo» y canceló su petición.

Al día siguiente, me recriminó que le hubiera puesto exigencias para un favor. Me dijo que el favor se hace o no se hace; que si me pide algo es para que haga lo que necesita, sin más.

Vamos, que le dio lo que se conoce como una rabieta. Y por ahí sí que no quise pasar, de modo que le respondí:

—No confundas negociar con poner exigencias. Yo nunca te exigí nada. Pero lo que sí quería era negociarlo para adaptarlo a mi situación particular, porque los favores no se hacen «o al 100 % de mis términos o nada». Digo yo que también podré opinar, ¿no? Sobre todo, si ya había hecho mis planes.

Tomé su silencio como un asentimiento.

Y esto me lleva a que, en el arte de decir que no, también tiene una enorme importancia el arte de decir que sí. Hay que saber negarse a dar un «sí» sin condiciones, un «sí» a todo y en mayúsculas incluso cuando eso quizá suponga cancelar mil planes y quedar mal con unos solo para complacer a otros. Sobre todo si a quienes intentas complacer están eternamente insatisfechos y siempre quieren más.

La próxima vez que digas que «sí», con ese sentimiento expansivo en el pecho, sabiendo que lo haces con mucho amor hacia una persona que también te quiere, asegúrate de medir hasta qué punto puedes ayudar y de establecer límites. Porque quien te pide ayuda no sabe a qué estás renunciando, así que no estaría bien que en el futuro acabases echándoselo en cara.

Por tanto, asegúrate de que lo ayudas con toda el alma y de que no te incomoda en ningún sentido lo que te están pidiendo. Porque, de lo contrario, tu relación se resentirá. No necesariamente tu relación con esa persona, sino contigo mismo. Siempre y en todo momento deberías tratarte como la persona que más te quiere en el mundo. Porque, de hecho, eres la única persona que estará contigo hasta que te mueras, así que te mereces cuidarte y mimarte.

## Pasos para decir que sí:

1. Evalúa si te alegra hacerle ese favor o hacer algo por esa persona.
2. Pregunta exactamente qué esperan de ti. Créeme: no te conviene que haya desagradables malentendidos cuando haces un favor, por experiencia te lo digo, pues me conozco bien la retahíla de reproches consiguientes: «sabía que no podía contar contigo», «¿lo has hecho a propósito?», «para una cosa que te pido…».
3. Comprueba tu agenda.
4. Si tienes ese día libre en la agenda, confirma tu disponibilidad.
5. Recuérdaselo el día antes y reconfirma los términos.

Por otro lado, si no puedes ese día o a esa hora específica, y aun así quieres ayudarle de verdad, ofrécele lo que puedas ofrecerle, ni más ni menos.

Si te resulta imposible decir que sí, hazlo con empatía, tal y como he explicado en el capítulo de cómo decir que no.

Si exige de ti más de lo que puedes dar y no le importa tu tiempo, tal vez debas replantearte tu relación con esa persona.

# Capítulo 22

# Aprende a perdonarte

«Carmen, ¿por qué estás tan obsesionada con buscarte defectos?».

La pregunta me pilló desprevenida, así que no supe qué contestar. O sí lo sabía, pero me daba un poco de vergüenza admitirlo.

Siempre he sido muy consciente de mis defectos, pero además tengo otros que ni siquiera conozco. Por eso estos ejercicios de autorreflexión me vienen tan bien, porque dichos momentos de lucidez me ayudan a iluminar sombras que nunca había visto. Y a mí no me gusta el desconocimiento. De hecho, me considero un espíritu curioso, una lectora voraz. Me inquieta no tener respuestas a mis preguntas, que son múltiples y muy variadas, lo cual me ha llevado a aprender casi de todo. Hasta el punto de que tal vez hoy estoy dando un taller de marca personal, mientras que ayer estuve charlando con un *biohacker* y el día anterior sobre recetas de cosmética natural.

Sin embargo, a veces eso también lleva aparejado un gran defecto: convertirte en una sabelotodo que se muere por enseñar cosas a la gente, lo cual hace que muchos te rechacen, porque no soportan a la gente como tú. Aunque, con el tiempo, también he descubierto que mi amor por el conocimiento multidisciplinar es lo que hace que muchos otros me quieran, ya que les encanta aprender cosas nuevas.

Sea como sea, gracias a quienes me rechazan he logrado mi gran aprendizaje en la vida (y sé que te va a sonar obvio): nunca le vas a caer bien a todo el mundo. Nunca jamás.

Así que, cuando llevada por la curiosidad me apunté a un grupo de hipnoterapia, mi obsesión era quitarme tooodos los defectos. Por eso le preguntaba a diario a la hipnoterapeuta: «¿Esto es un defecto?», «¿estoy hablando demasiado ahora?», «¿y ahora?».

Me llevó mi tiempo descubrir que ser humano implica ser imperfecto. Y me llevó aún más darme cuenta de que ser imperfecto es lo que hace la vida tan maravillosa e impredecible.

Yo tengo defectos de todos los colores: físicos, emocionales y mentales. De algunos soy consciente y de otros no tanto; y los hay que ni siquiera existen aún, pero estoy segura de que surgirán con los nuevos desafíos que me la vida me plantee.

En muchos momentos me he arrepentido de hacer o decir algo; en otros, la primera sorprendida he sido yo. Porque esa es otra: a veces hago cosas que no tienen nada que ver con mi personalidad, y entonces yo misma me escandalizo y me juzgo severamente.

A diario me descubro haciendo pequeñas acciones que me alejan de quien quiero ser, así que justo entonces debo recordarme que no pasa nada, que errar es humano, que el viaje del autoconocimiento y el crecimiento personal nos acompaña toda la vida, y que lo único que puedo hacer es confiar en que los demás me tengan paciencia y compasión cuando mis errores los afectan (y que, si no quieren tenerlas, están en su pleno derecho, aunque sí he llegado a un punto en el que me protejo de esos que son ciegos a sus debilidades y todo ojos para mis fallos, y no se cortan en venir a echarme broncas por no ser como ellos esperan que yo sea).

Yo solo intento ser una buena persona, a veces con más éxito que otras; y, cuando meto la pata (con más frecuencia de la que me gustaría), corro a disculparme e intento compensarlo. Si el error se repite muchas veces, comprendo que hay algo que debo aprender y pongo los medios para ello, es decir, para pasar del desconocimiento inconsciente al conocimiento inconsciente que ya te he contado.

En tu vida, hay personas tóxicas cuya única misión en cada interacción que tienen contigo es recordarte lo malo que eres, los errores que cometes o su opinión desfavorable sobre ti. Las reconocerás porque, tras hablar con ellas, te quedas hundido y te cuesta reponerte.

Debido a una persona así me apunté a hipnoterapia y comencé este viaje intensivo de cursos y experiencias de crecimiento personal, por el que le estaré eternamente agradecida.

Ocurre también de forma muy frecuente en parejas.

Estuve con un chico que se pasaba el día criticándome por todo: por llegar tarde, por cómo hablaba, por cómo pensaba, por existir... Hasta que un día le pregunté:

—Si me encuentras tantísimos defectos, ¿por qué estás conmigo?

A lo que me respondió:

—Porque es obvio que te quiero y que tienes mil virtudes. Si no, ya te habría dejado.

¿Te suena esa conversación? Por desgracia, es muy común, y no solo en parejas.

Lo que él no veía es que nadie me había enseñado a leer mentes (aunque a estas alturas sí me han enseñado ya a tener sueños lúcidos e incluso viajes astrales, así que dame tiempo...). Lo que quiero decir es que, si el único *feedback* que yo tenía de nuestra relación eran cosas negativas, ¿cómo podía yo adivinar que también veía en mí otras positivas, si esas jamás me las señalaba?

Obviamente, ya no estoy con él. E, ironías del destino, los defectos que él me reprochaba se convirtieron, a ojos de mi siguiente pareja, en detalles míos que le hacían gracia o incluso que consideraba virtudes.

Por eso en casa mi marido y yo nos decimos mil veces al día lo mucho que nos queremos y las virtudes que tenemos. Así, cuando surge algo más incómodo (nunca un ataque, sino una crítica constructiva), no tiene mayor importancia que la que tiene: ser una gota un poquito más oscura en un océano muy brillante. Además, solemos pedirnos ayuda para descubrir nuestras sombras y trabajarlas.

Por eso te ruego que perdones tu imperfección. Que te tengas paciencia cuando no actúas como quisieras. Que te tengas compasión cuando incluso a ti mismo te desagrada lo que acabas de hacer. Y que intentes no ir por la vida acarreando ese sentimiento de vergüenza y dolor por los errores que cometiste, al igual que dudo estés todos los días celebrando tus buenas notas de primaria o el primer beso romántico que te dieron, por muy inolvidables que te parecieran ambos momentos por aquel entonces.

Dicho de otro modo: no magnifiques tus errores mientras minimizas tus aciertos.

Y con respecto a las críticas destructivas, a esos que vienen a darte lecciones sin ánimo de ayudarte o pensar en tus sentimientos, sino con el único objetivo de hacerte daño y engrandecerse, robaré una frase que me enseñó mi sabia prima Lucía: «Lo que usted piense de mí no es asunto mío».

No te tragues el veneno de los demás. Recuerda que «lo que Juan dice de Pedro dice más de Juan que de Pedro». Aunque, lo admito, yo también he criticado a otros más de lo que me gustaría. De hecho, constituye uno de los muchos defectos que me alejan de quien quiero ser. Pero, al menos, dejo a Juan y a Pedro hacer lo que les venga en gana, siempre y cuando no afecte a otros.

En resumen, la vida es perfectamente imperfecta. Así que disfruta de tus imperfecciones.

# Capítulo 23

# Ayudadores camuflados

Escribir este libro no solo ha sido para mí una experiencia liberadora, sino también muy reveladora, porque me ha enseñado algo de quien menos lo esperaba: mi padre.

Mientras escribía acerca del epitafio que le dediqué a mi abuela y lloraba sobre el teclado recordando aquel embarazoso llanto frente a mis clientes, un pensamiento me atravesó como un rayo: «Mi yaya nunca pudo leer aquella carta que le escribí».

Sé que es muy básico esto que estoy escribiendo. Todos sabemos que a las personas especiales de nuestra vida nunca les decimos lo suficiente cuánto las queremos. Y que es muy injusto que no puedan escuchar las cosas preciosas que pensamos de ellas, porque hemos esperado demasiado tiempo a decirlas y entonces ya es demasiado tarde, pues ya solo podemos abrazar un frío ataúd.

Por una de esas ataduras de cabos mentales que hacemos, aquella idea de que mi yaya nunca llegó a leer mi carta me llevó a pensar en su hijo, mi padre, a quien siempre me cuesta decirle que no. Y, de repente, me di cuenta de que él tampoco sabe negarse.

Comprendí que, tras su fachada de gruñón incorregible, es una persona con la que absolutamente todo el mundo puede contar: amigos, cuñados, hijos, sobrinos… Siempre se está desviviendo por todos.

Aunque mi madre también lo hace, se pasa el día haciendo favorcitos para todos, y la mayoría son a diario. «Mami, ¿me haces unas cortinas, por favor?», «¿puedes cuidar al niño?», «¿me llevas el reloj a la joyería?» … Y así, favor tras favor, termina el día agotada tras no haber parado ni un segundo, ayudando cinco minutos aquí, treinta minutos allá o una tarde entera acullá. En el caso de mi madre, resulta evidente que siempre dice «sí». Es tan raro que se niegue a algo que, cuando lo hace, nos conmociona porque ya dábamos por hecha su ayuda.

Así que, oficialmente, mi madre es la generosa que siempre dice sí, y mi padre el cascarrabias que resopla cuando hace un favor.

¿O tal vez no?

Porque cuando, tras recordar el epitafio que le escribí a mi abuela, me puse a pensar de pronto en el que algún día le escribiría a mi padre, la primera palabra que me vino a la mente para describirlo como persona fue «generoso». Y aquel pensamiento me sorprendió, claro. «Espera un momento… Pero ¿no era mi madre la generosa de la familia?».

Y de pronto recordé las últimas veces que los había llamado a casa:

«Papá no se puede poner porque ha ido a acompañar a tu tío a recoger unos papeles a Alicante».

«Papá no comerá con nosotros el sábado porque va a acompañar a tu primo a traer el barco desde no sé dónde».

«Nena, ¿vas a estar en casa mañana? Es que papá ha quedado con un técnico para ver la casa de tu prima, que tiene goteras».

Y suma y sigue.

Me di cuenta de que mi padre *parece* saber decir que «no» porque es bastante dueño de su día a día. Tiene muchos *hobbies*, y les dedica un ratito diario a todos. Además, disfruta de sus horas escondido en el altillo mientras pinta unas fantásticas acuarelas.

Y es porque a mi padre nadie le pide una ayuda que requiera un minutito. No. Mi padre se entrega en cuerpo y alma y dedica una mañana o tarde entera, cuando no un día o varios. Y suele implicar que coja el coche y recorra decenas o cientos de kilómetros, quede con gente, busque contactos, mueva hilos, gestione y, muchas veces, vuelva a casa reventado.

Gracias a este libro, me he dado cuenta de que mi padre es uno de esos familiares que todos tenemos siempre a mano. Uno de los que siempre están en los primeros puestos de la lista de favoritos, pues sabemos que podemos contar con él en cualquier situación.

Y eso yo nunca se lo había dicho.

Así que al día siguiente lo llamé y le dije: «Te llamo para leerte tu epitafio». No leí nada porque no lo había escrito, en realidad, pero sí le dije todo lo que pensaba de él.

Y los dos acabamos llorando.

Él me dijo varias veces que no estaba acostumbrado a aquello, que no se lo esperaba. Estaba abrumado. Porque, una vez más, lo habíamos acostumbrado a decirle únicamente las cosas malas, mientras que las cosas buenas solo se las señalábamos de manera puntual. Nunca había recibido una llamada con el simple objetivo de decirle cuán importante era para la otra persona y, sobre todo, lo más relevante: «Te veo por quien realmente eres, a mí no me engañas con tus gruñidos».

Por tristes avatares del destino, mi padre ha perdido a tres hermanos de cuatro. Todos murieron a edades más tempranas de las que estamos acostumbrados en la actualidad, y además dos de los fallecimientos nos resultaron bastante traumáticos.

Pero el primero fue el más impactante, porque mi tío solo tenía cuarenta y ocho años. En su momento, yo no me daba cuenta de lo joven que era el pobre, pero ahora, que tengo cuarenta y tres años, no concibo perder a nadie de mi edad así, en la flor de la vida.

Durante la llamada, a mi padre le emocionó el recuerdo de mi tío, su hermano pequeño: «Me puso muy triste no haberle dicho nunca a mi hermano lo importante que era para mí, porque nunca creí que iba a morirse de forma tan repentina. Y ahora me arrepiento mucho».

No sé si tú eres como mi padre, un «ayudador» camuflado que está ahí siempre para todos, pero que queda en un segundo plano cuando pensamos en la lista de personas generosas de nuestro entorno porque no lo vemos ocupado el día entero en pequeños favores para unos y otros. Pero estoy segura de que tienes a alguien cerca que te ha recordado a esta descripción. Alguien a quien no llamarías para pedirle un kilo de harina, pero que, si tienes un problemón, sabes que está ahí para ti, que no te va a dejar solo, la típica persona que quieres sí o sí tener en tu agenda de contactos.

Y que, encima, a menudo los demás no le reconocen todo lo que hace por ellos, porque están viviendo esas situaciones con mucho estrés y vuelcan esa tensión sobre él, le hablan mal, llaman a deshora y una serie de cosas que no deberíamos hacerle a nadie, y mucho menos a alguien que se está desviviendo por nosotros.

Si mientras lees te viene a la cabeza alguien así, te recomiendo que lo (o la) llames tan solo para darle las gracias por estar en tu vida, pues estoy segura de que le vas a alegrar el día. ¿No crees que merece un reconocimiento por su entrega?

Ahora bien, no me malinterpretes. A los «ayudadores oficiales de presencia evidente» también hay que darles las gracias, y esa llamadita les dará la vida, pero te aseguro que los otros no se lo esperan en absoluto, porque están demasiado acostumbrados a operar en las sombras. A estar ahí, como un jugador de reserva sentadito en el banquillo, esperando a que les des una señal para saltar a la cancha a ayudarte. Y, sin embargo, nadie los reconoce como debería, pese a que, en muchas ocasiones, solo cuando ellos salen consigue marcar su primer gol el equipo.

## Cómo reconocer a los ayudadores de incógnito

### 1. ¿A quién llamarías?

La manera más evidente de encontrar a un ayudador encubierto es un pequeño ejercicio de reflexión que empiece con esta frase: «¿A quién llamaría para/cuando/si...?».

¿A quién llamaría si tengo un accidente?

¿A quién llamaría si se incendia mi casa?

¿A quién llamaría si estoy triste?

¿A quién llamaría para que vigile mi casa?
¿A quién llamaría para que cuide a mi hijo?
*¿A quién llamarías?*

Sea quien sea, merece un agradecimiento (¡y un monumento, si hace falta!).

Pero, si además es una persona que te sorprende porque tenías otra imagen de ella, quizá se debe a que las etiquetas que le habían asignado no se corresponden con su naturaleza generosa. A lo mejor no tiene ni idea de que alguien la pueda ver así.

Y es el momento de que hagas algo al respecto.

### 2. ¿En qué lista te encuentras?

Un útil ejercicio de autoconocimiento podría consistir en que pienses el lugar que ocupas en la lista de contactos de los demás. Dado que estás leyendo este libro, que a fin de cuentas pretende enseñar a decir que no, es muy posible que estés en el apartado titulado «Llamar cuando necesite un favor» (y, posiblemente, ocupes ese apartado en muchas más listas de las que te gustaría). Pues bien, quiero aprovechar este párrafo para darte la enhorabuena y las gracias, porque lo que el mundo necesita es más gente como tú, que se entrega a los demás desinteresadamente.

Si todos fuéramos así, este libro no haría ninguna falta, y tú te sentirías completamente pleno y feliz de estar compartiendo tu tiempo y tus conocimientos con tus seres queridos.

Por otro lado, supongo que yo también estoy en la lista de muchos, porque me piden favores continuamente. Aunque también sé que no estoy entre las primeras opciones de otros tantos, pese a que no me importaría en absoluto hacer algo por ellos y, de hecho, me encantaría. En mis manos está el hacerles saber que estoy ahí para ellos.

### 3. ¿Te cuesta decir que sí?

Si dudas mucho que estés en ninguna lista, significa que te has negado tantas veces que la gente ya no cuenta contigo para nada. Y eso es un extremo tan poco sano como estar siempre a disposición de los demás.

Negarte a cualquier favor deja entrever que consideras tu tiempo más valioso que el de otros. Es decir, que si bien puedes pedir favores a diestro y siniestro y, por tanto, pedir a los demás que te regalen su tiempo, el tuyo te parece tan escaso y valioso que no lo vas a invertir en los demás. Y eso no solo no es justo para con ellos, sino que te hace más daño a ti a la larga.

Como ya he comentado en los primeros capítulos, estamos diseñados para hacer cosas por los demás. Por eso cuando nos mostramos generosos de corazón nos invade una oleada de afecto hacia el otro, porque conectamos con él a un nivel mucho más profundo, a uno que ha ayudado a la mayoría de mamíferos a sobrevivir millones de años, a ser parte de la manada, de la tribu, de la comunidad.

Cuando nos centramos demasiado en lo que ocurre en nuestro ombligo o en nuestro *ombligo extenso* (es decir, las dos o tres personas de nuestro círculo más cercano) y dejamos de lado a todas las personas que nos han ayudado a ser quienes somos hoy, nos estamos desconectando de nuestra identidad y de nuestros valores, nos estamos aislando, y el aislamiento y la soledad aumentan significativamente el riesgo de muerte prematura. No lo digo yo: lo dicen cientos de estudios.

Te recomiendo que hagas el ejercicio del «¿a quién llamaría para/cuando/si...?» y veas los nombres. Si son solo una, dos o tres personas, hay muchas posibilidades de que estés abusando de ellos. Lo sano es tener una lista un poco más amplia en la que, además, reine la reciprocidad.

Quizá sientas que te pasas haciendo cosas por los demás el día entero, pero solo a una o dos personas, lo que constituye una clara señal de que deberías ampliar tu círculo. Te invito a que hagas el mismo ejercicio pero a la inversa, es decir, repítete la pregunta «¿Quién me llamaría a mí para/cuando/si...?».

En el caso de que solo haya una o dos personas que te llamarían constantemente, da igual que te sientas como si estuvieras todo el día ayudando, pues en realidad te estás aislando de todos los demás. Tal vez esa persona (o esas dos) abusa tanto de tu generosidad que no te deja tiempo para los demás.

Y, desde luego, si los contactos que te llamarían sin dudar para pedirte cosas no coinciden con aquellos a los que tú llamarías para pedir algo, hay una relación desequilibrada en tu vida. Tal vez unos abusan de ti mientras tú abusas de otros. Y eso se puede arreglar en cuanto empieces a decirle que no a quien pide de forma indiscriminada y pasas a decirle que sí a quien dejas tirado una y otra vez.

Si ese es tu caso, hazte un favor: sal de tu burbuja y empieza a mostrarte generoso. Pronto notarás una lluvia de endorfinas (las hormonas de la felicidad) recorriendo tu cuerpo. Es una señal que te da tu cuerpo para decirte que vas por el buen camino, que ahí está la clave para una vida larga, feliz y plena. Es una señal que alinea tu cuerpo con tu espíritu, porque tu alma también se siente plenamente feliz cuando compartes sentimientos de conexión, comunidad, empatía, amor y generosidad.

Haz la prueba y me cuentas.

## Capítulo 24

# El primer día de tu nueva vida

Por suerte, no necesitas a un ser querido «recolocándote» en las antípodas de su vida para que aprendas a decir que no. Te basta con este libro que tienes en tus manos.

Voy a pedirte que hagas el mismo ejercicio que hice yo, pues me parece muy esclarecedor, aunque también sea doloroso (lógico que lo sea: todo momento de lucidez y autoconocimiento nos pilla fuera de juego).

Abre tu agenda y comprueba tus compromisos para el próximo mes. Todos. Tanto los laborales como los personales.

Sepáralos en dos grupos: cosas que haces por ti mismo (tus sueños y objetivos) y aquellas que haces por los demás.

Ahora dedícate a descartar o mantener cada compromiso que hayas asumido por los demás. No te va a costar mucho decidirlo: básicamente, analiza cómo te sientes respecto a lo que te han pedido hacer en cada caso. ¿Es un sentimiento expansivo o notas una presión en el pecho?

Si es expansivo y te hace ilusión, es uno de esos favores que no te cuesta nada hacer, como pasar la tarde con tu mejor amiga ayudándola a encontrar un vestido para una fiesta u hornear galletas con tu sobrino mientras lo cuidas.

¿Sientes una presión en el pecho? Eso es tu cuerpo diciéndote que antes preferiría estar haciendo la declaración de la renta o una depilación con cera que ese favor. Pues bien, ahora pregúntate por qué: ¿porque a la persona que te pidió el favor no podías decirle que no, aunque quisieras?, ¿quizá porque se trataba de tu jefe y te sentías obligado? Entonces ese compromiso merece estar en la categoría de cosas que haces por ti mismo. Porque a veces el trabajo implica hacer cosas que no nos apetecen nada, incluso fuera de horario. Es lo que hay, y debemos pagar ese precio si queremos progresar. Ahora bien, si se convirtiera en costumbre, ahí sí sería un problema; porque, o bien estarías desempeñando un trabajo que no es para ti, o bien tu jefe estaría abusando de tu bondad. Y, en cualquiera de ambos casos, te tocaría una conversación honesta para decir un «no» a tiempo antes de que terminases más quemado que los fogones de tu cocina.

Por otro lado, lo mismo tienes una relación complicada con esa persona o sientes que abusa de tu buena disposición. Quizá es alguien que te cae mal y a quien dijiste que sí solo porque no querías afrontar la fugaz incomodidad de negarte.

Pero recuerda el dicho: «Más vale una vez colorado que ciento amarilla». ¿No prefieres una incomodidad de unos minutos al negarte que la desazón durante todo el proceso de hacer algo que no quieres y, peor aún, arriesgarte a que tal vez te lo vuelva a pedir?

Recuerda el capítulo de la carga emocional. Si no es una persona muy especial para ti y además te sientes obligado a hacerlo, es tu momento de decirle que no. Esa persona tiene derecho a recibir ayuda de alguien que se la preste de todo corazón.

Si es una persona muy especial, o una petición con mucha carga emocional, entonces te toca evaluar si este es uno de esos actos altruistas que, pese a no apetecernos, los hacemos por las personas que amamos. No pasa nada si de vez en cuando hacemos por los demás cosas que no nos apetecen, pero te sugiero que revises la frecuencia de esos favores. ¿Te toca hacerlos una vez al mes?, ¿a la semana?, ¿al día? Si se producen con demasiada frecuencia, te estás diciendo que no a ti mismo/a. Y puede que la respuesta te sorprenda.

Ya te he hablado de la comunicación no violenta, pero no de su gurú: Marshall Rosenberg. Durante una charla que éste daba, una señora le dijo:

—Odio con toda mi alma cocinar, pero lo tengo que hacer a diario para mi familia. ¿Qué me recomienda? Ya he intentado hacerlo con amor, y no me sale.

A lo que él le dio una sorprendente respuesta:
—Pues que no cocines.

¡Hay taaaantas mujeres que no se atreverían a dar ese paso…! Tantas que dirían: «¿Y cómo va a comer mi familia? No puedo hacer nada al respecto, TENGO QUE cocinar, me guste o no».

Pero el gran Marshall opina que las cosas, o bien se hacen con amor, o bien es mejor no hacerlas. Y no puedo estar más de acuerdo.

Así pues, la mujer llegó a casa aquella noche y dijo:
—Familia, he llegado a la conclusión de que odio cocinar y desde hoy mismo dejo de hacerlo. Que cada uno se prepare lo que quiera, o compramos comida para llevar, o que otro se encargue. Pero yo me retiro.

Días después, Rosenberg estaba en una firma de su libro cuando dos zagalones se le plantaron delante y preguntaron:
—¿Es usted el que aconsejó a nuestra madre que dejara de cocinar?

Más tarde confesaría que dudó un segundo qué respuesta dar, pues no le apetecía enfrentarse a la ira de aquella familia. Pero abrazó la honestidad y masculló un tímido «sí, soy yo».

Para su sorpresa, los chicos se le echaron a los brazos exclamando:
—*¡Gracias! ¡Nos ha cambiado la vida!*

Por lo visto, estaban acostumbrados a (y cansados de) llegar a casa y encontrar a su madre de mal humor listando todas las cosas que había hecho para preparar la cena y el rato que había estado encerrada en la cocina. Hasta tal punto que todos terminaban malhumorados y tensos.

Ahora no tenían comidas caseras hechas sin amor, pero sí a una madre feliz y relajada disfrutando de su nuevo rol en la familia, para la que seguía haciendo tareas pero que no le desagradaban tanto.

Negarse a hacer algo que le desagradaba salvó la armonía familiar.

## ¿Y qué ocurre con lo que hago por mí mismo/a?

En *El método Bullet Journal*, Ryder Carroll te enseña a planificar tu tiempo a partir de tus objetivos vitales. Me pareció un método precioso. Consiste en que, antes de nada, pienses en cómo te gustaría verte dentro de cinco años a nivel emocional, personal y profesional. Una vez visualizado ese futuro ideal, pregúntate qué tendrás que haber conseguido en tres años para ser esa persona en cinco.

Y después en un año.

Y en seis meses.

Y en tres meses.

Y este mes.

Y hoy.

Es decir, si te imaginas dentro de cinco años con un negocio boyante de *marketing* en el que viajas continuamente a Alemania, y sin embargo hoy por hoy no sabes alemán ni tampoco *marketing*, ¿qué pasos debes dar?

En tres años deberías ya hablar alemán con fluidez y saber de *marketing* o estar a punto de terminar tus estudios avanzados en la materia, además de empezar a moverte en redes para generar relaciones de confianza con socios o clientes potenciales de cara al futuro.

En un año deberías estar ya haciendo ambos cursos.

Y, llevado al momento presente, hoy te tocaría empezar a buscar los mejores cursos de *marketing* y de alemán para que en tres o, como máximo, seis meses ya estés matriculado.

Además, lo que Carroll añade es que evalúes cada tarea que te vaya surgiendo en el día a día (sin contar las que son obligaciones —como el pago de facturas— o las personales).

Si la tarea te acerca a tu objetivo, entonces la apuntas en tu agenda. Si te aleja de él, entonces no solo no te sirve, sino que te distrae de tu objetivo. Así que merece la pena que la descartes.

Este método me resultó muy revelador porque a menudo pasamos el día ocupados, sin parar, pero al final de la jornada nos quedamos con una sensación de vacío y de no haber hecho nada porque no lo vemos reflejado en resultados medibles que nos acerquen a quienes queremos ser en el futuro.

He aquí la diferencia entre *estar muy ocupados* y *ser muy productivos*.

Es una manera de abrazar el «no» a diario. Y no te creas que resulta fácil, pues a veces decirnos a nosotros mismos que no, que esa tarea no es tan importante y además nos distrae de nuestros sueños, supone un desafío porque estamos acostumbrados a meterlo todo en el mismo saco. La llamada que nos interrumpe, la notificación del *email* o del WhatsApp, el comentario que nos dejaron en nuestra publicación *online*… Mil razones y excusas para dejar de concentrarnos en lo que va a catapultarnos en el futuro y, en cambio, frustrarnos el día de hoy.

Supongamos que ya has elegido tan solo las tareas que te aportan y nutren el sueño que tienes para tu futuro. Pues no has terminado ahí, ya que ahora te toca verificar de nuevo cómo te sientes respecto a cada una: ¿es una sensación expansiva o una opresión en el pecho?

Estas son las más difíciles de detectar, *a priori*. Si el día que exploté me hubiera fijado en mi agenda, solo habría visto:

«Llamada con mi *coach*».

«Recibir depósito de posible cliente».

«Llamada de prospección con otra cliente potencial».

«Alguien especial pidiéndome un favor».

Y, aunque visto desde fuera todo esto tiene aspecto de éxito profesional y parece muy alineado con mis objetivos, solo tras conectarme con mis emociones pude ver lo que cada punto escondía en realidad:

«Una *coach* que no respeta mi tiempo y me deja tirada sin previo aviso».

«Una cliente esgrimiendo excusas para no pagarme».

«Una llamada de prospección con alguien que no tiene intención de pagarme».

«La persona especial solo me quiere como fuente inagotable de favores, en realidad, nunca para pasar un rato agradable juntas. No se interesa por mi vida, me deja de lado y me rechaza a cada oportunidad».

Solo de escribir esto, ya he sentido una opresión en el pecho.

Y, con la misma lógica, a medida que les iba diciendo que no, me sentía más ligera.

Explora tu agenda, porque quizá te lleves la sorpresa monumental que me llevé yo.

## Clientes tóxicos

A última hora, he decidido añadir esta breve sección porque para mí supuso un antes y un después en mi trabajo.

Hay personas de naturaleza optimista y otras de naturaleza pesimista. Ambas pueden llegar a llevarse bien, e incluso pueden alcanzar una simbiosis interesante en la que ambas aprenden mutuamente.

Pero trabajar con ellas es una pesadilla, sobre todo en mi especialidad como antropóloga y después como *coach*. Porque, si bien mi trabajo consiste en ayudar a las personas a mejorar y cumplir esos sueños que tienen abandonados, no basta con tener un *coach*. Hay que esforzarse. Del mismo modo que no basta con apuntarse al gimnasio y contratar a un entrenador para que te salgan abdominales. Hay que trabajar. Y mucho.

A veces me he encontrado con clientes muy pesimistas y negativos. Personas que tienden a decir cosas como «total, qué más da, nada va a cambiar». Personas que se reunían conmigo una semana después para contarme que no habían hecho nada de lo que les había pedido que hicieran en nuestra última llamada, y que sin embargo estaban desesperadas porque no veían resultados.

En más de una ocasión me encontré diciéndoles: «Yo sé que lo que quieres es alcanzable y está en tus manos, pero yo no puedo creer más en tus sueños que tú».

Cada vez que finalizaba una llamada con ellos, terminaban con una sonrisa y esperanzados, mientras yo me quedaba hecha polvo y completamente agotada. Me recordaban a mi amiga *la vampira*.

Así que un día, una de aquellas personas tóxicas se acercó a mí con su dinero dispuesta a contratarme, y le dije que no. Jamás me ha salido más barato perder dinero. Porque tengo la suerte de trabajar con personas inspiradoras que me invitan a mejorar y aprender, que me enseñan cosas nuevas, que me llenan de energía y me recuerdan por qué me dedico a esta profesión tan bonita. Esas personas son las que me dejan plena y feliz, con las que me descubro tarareando tras una llamada. Son las que Marián Rojas Estapé llama «personas vitamina», y me parece que el nombre les viene al pelo.

Te aconsejo que evalúes tu lista de clientes y reconsideres tu relación con los tóxicos que te drenan la energía. Hay quien los llama «vampiros», pero yo tengo un término que me gusta más y que, si alguna vez has leído o visto Harry Potter, vas a comprender al vuelo: «dementores».

## Tiempo de autorreflexión

Cuando tu agenda y tu vida están llenas de tareas que te oprimen el pecho, te encuentras reprimiendo todo tu potencial de vivir una vida plena, feliz, relajada y libre. Y quizá resulta doloroso, pero también esclarecedor.

Cuando comparé la cantidad de cosas que hacía por los demás y todas las que hacía por mí misma, me quedé a cuadros, porque a mí me decían que no con una alegría y una ligereza pasmosas. Y sin embargo, yo había confundido egoísmo con autorrespeto, y generosidad con no poner ni un solo límite. Así que, claro, me llevaba unas tortas a mano abierta que ni te cuento…

Fue un momento de liberación porque comprendí que estaba en mi mano reclamar mi espacio. Pero también fue un momento de dolor y duelo. Dolor por haber dado lugar a aquello, duelo por todas las oportunidades que me había negado en la vida, por estar para todo el mundo menos para mí.

Pero ante todo, y definitivamente, fue un momento sanador. Porque en aquel momento nació mi nuevo yo. El que se aparta de las personas tóxicas y abusivas, el que dice «hasta aquí hemos llegado», el que se muestra generoso con las personas que lo merecen pero no con el primero que pasa por la calle.

El que se hace respetar.

El que tiene amor propio.

El que sabe que no todo vale.

Pero, sobre todo, el que aprendió con mucho dolor que algunas personas nunca te van a querer, por mucho que te desvivas por ellas y que tal vez, internamente, estés tratando de comprar su amor. Un amor que nunca va a llegar, claro. Porque el amor siempre debería ser desinteresado y libre; y quienes «te quieren» debido a lo que haces por ellos no solo no te quieren, sino que te están usando como proveedor de favores gratuito. Si tuvieran el dinero suficiente, te sustituirían por un secretario, créeme, dejarían de verte y su vida no cambiaría ni un ápice.

Gracias a todo ello, aprendí a amar y a ser correspondida. A ser amada y a poner límites para fortalecer nuestras relaciones, en vez de debilitarlas.

Y ahora, espero que este libro te haya ayudado a ti también a comenzar ese doloroso pero apasionante y liberador proceso.

Con todo mi cariño,

Carmen

# Corolario

Como he adelantado en el prefacio, este libro comenzó tras una amarga discusión con una persona a la que quiero mucho, pero que pasa el día discutiendo y, cuando lo hace, no se corta en añadir insultos y gritos.

En cambio, yo no suelo discutir, y desde luego no estoy acostumbrada a ese nivel de violencia. Mi marido y yo tenemos una línea roja que nunca hemos sobrepasado: la del respeto. Por eso nunca me verás insultar a alguien.

Mark Twain, el rey de las frases inspiradoras, dijo una vez: «Nunca discutas con un ignorante, pues te rebajará a su nivel y allí te vencerá por experiencia».

Yo añadiría esto: nunca discutas con alguien que disfruta discutiendo o con alguien violento. A no ser que tú también disfrutes de las discusiones, claro; si ese es tu caso, lánzate al fango y disfrutad ambos como cochinos en un lodazal.

Pero una persona así nunca leería un libro como este, porque no está pensando en los sentimientos del otro cuando discute. Solo tiene un claro objetivo en las discusiones: ganar a toda costa, aniquilar a su oponente hasta que se retire hundido o pida disculpas.

Y yo soy lo opuesto a eso. De hecho, he de trabajar también ese aspecto, porque casi pido disculpas por existir. Mi deseo de empatizar con la situación del otro se convierte en un arma de doble filo: por un lado, me ha convertido en una *coach* fantástica, genial en atención al cliente y única para ayudar a otras personas en sus momentos más vulnerables; pero, por otro, muchos que no son así se aprovechan de saber que no les voy a replicar, que no voy a entrar en su juego, que van a estar lanzándome bombas mientras yo intento responder con abrazos.

En cada una de aquellas discusiones, yo acababa temblando y a lágrima viva, no te exagero. No un río de lágrimas que fluyen hacia abajo en una dulce y confortante cadencia que dibuja surcos en las mejillas, sino más bien saltando hacia afuera, como si quisieran reflejar el estado de profundo estrés en el que me encontraba. Cada discusión me dejaba más vapuleada que la anterior, hasta el punto de que me costaba semanas enteras reponerme, no podía apartarlo de mis pensamientos.

Y lo que es peor: yo notaba mi involución. Mi objetivo en esta vida es evolucionar, crecer, ser mejor cada día. En mis primeras discusiones con esta persona lo aceptaba todo, seguía pidiendo disculpas por existir, trataba de encontrar un punto de encuentro, donde pudiera entender su perspectiva y explicarle la mía. Hasta que comprendí que no estaba interesado en mi perspectiva, sino solo en ganar.

Aquella persona (o personas, porque en realidad hay más de una) me atacaba con el ego, usando puños dialécticos, y yo contestaba con un corazón herido. La batalla no podía ser más desigual.

A medida que aquella situación se prolongaba en el tiempo, el dolor seguía aumentando, porque esta vez no solo llovía sobre mojado (el *elemento sorpresa* ya no estaba), sino que acabé haciendo cosas que nunca en mi vida había hecho. Como, por ejemplo, intentar demostrarles que yo tenía razón.

Cuando antes me mentían en la cara, me limitaba a decirles que aquello no era cierto. Ahora, en cambio, les reenviaba su propio mensaje anterior para que vieran cómo se estaban contradiciendo. Y yo nunca había hecho algo así, porque me parece violentísimo (sin embargo, sé que ellos sí).

Me di cuenta de que mi ego estaba empezando a liderar aquellas conversaciones, supongo que porque a mi corazón ya no le quedaba fuelle tras años repitiendo la misma situación una y otra vez.

Y por ahí no iba a pasar.

Dos cursos de comunicación no violenta más tarde, junto con un retiro de diez días de meditación Vipassana, más un año meditando en casa, sesiones de grupo con una hipnoterapeuta e individuales con otra, unos cincuenta libros de desarrollo personal, un curso de un año de *coaching* de vida, tres años de cursos mensuales de crecimiento personal y tres conferencias internacionales de tres semanas cada una..., mi relación con ellos seguía exactamente igual o peor.

Yo ya no sabía qué hacer para que me vieran como la persona que soy. ¿Qué más herramientas debía aprender para poder comunicarme con ellos desde el respeto y el cariño que tanto buscaba?

Mi sabia prima Lucía llegó al rescate y me dio una gran lección que sigo atesorando hasta el día de hoy: «Violenta o no, no puedes comunicarte con quien no quiere comunicarse».

Aquel fue el inicio de mi sanación. El momento en el que les regalé mi «no».

— No a más discusiones, insultos y reproches.
— No a que manipulen y tergiversen mis palabras.
— No a que se aprovechen de mí y no me valoren. No a que solo me usen.
— No a ir tras ellos intentando que me acepten y me quieran como soy.
— No a sus cambios de opinión constantes para que luego me quieran enloquecer diciendo que nunca dijeron lo anterior.
— No a mendigar su cariño (sobre todo, sabiendo que no lo obtendré nunca).
— No a esperar un detalle bonito por su parte o que me incluyan en su vida para pasar un rato agradable juntos. No a que solo me busquen cuando me necesitan.
— No a somatizar su frustración y su rabia hasta integrarlas en mí.

Y todos aquellos noes, tan dolorosos como fueron, me liberaron, y a ellos también. Porque al fin habían logrado su objetivo: quebrarme poco a poco hasta que les diera la victoria.

Me quebraron, y permití que ganaran.

Lo que no saben es que, cuando me estaban quebrando, también me estaban haciendo más fuerte. Que, cuando les dejé ganar, en realidad ellos estaban perdiendo. Perdían a una persona que había estado dispuesta a poner la otra mejilla mil veces, aun sabiendo de antemano cuánto iba a doler. Sus egos ganaron todo lo que sus corazones perdieron. Justo al revés de lo que me pasó a mí.

Así que acepto mi gloriosa derrota y seguiré por la senda de la vida sabiendo que, cuando vas con el corazón en la mano, te estás arriesgando continuamente a sufrir; pero, si estás dispuesto a afrontar el desafío, también abres camino para un profundo aprendizaje.

Hace poco estuve en una charla sobre gratitud, cuya ponente verbalizó algo que yo llevaba un tiempo pensando: «Cuando alguien intente etiquetarte, y más aún si lo hace con una etiqueta dañina, ponle tú otra etiqueta: *coach* o entrenador personal».

Esbocé una amplia sonrisa al escuchar aquellas palabras.

Porque al fin había conseguido transmutar la energía del dolor, la decepción y la rabia en otra muy bonita de gratitud hacia ellos. Porque dicen que la vida te pone delante la lección que necesitas aprender, y te la pondrá delante una y otra vez hasta que la aprendas. Así que, de no haber aparecido aquellas personas en mi vida, jamás habría comenzado este viaje tan intenso de crecimiento personal. Lo había empezado hacía más de diez años, pero nunca con tanta intensidad como desde que los tuve en mi vida, jamás con tanta sed de aprender y de mejorar, con la esperanza de que apreciaran mi esfuerzo y todos nos beneficiáramos de ello.

Aquellas personas fueron los entrenadores más duros y tenaces que nadie podría haber deseado. Fueron quienes me hicieron comenzar este libro mientras derramaba un torrente de lágrimas al escribir el prefacio.

Para mí lo fácil habría sido apartarme de ellos hace años y continuar mi vida, pero me quedé ahí. Aguantando contra viento y marea, tratando de hacer funcionar algo que venía roto de serie.

Gracias a ellos aprendí a conocerme. Aprendí de los mejores maestros en conocimiento personal. Y, durante aquel mismo viaje, también conocí a personas maravillosas. Personas cuya mera presencia me enriquece. Personas que suman y aportan, en vez de restar.

Conocí mi lado más vulnerable y el más cínico. Me enseñaron a protegerme cuando siento dolor, a apartarme cuando veo que algo me va a dañar, a no pedirle peras al olmo. A comprender que hay gente que elige el dolor y la violencia en sus relaciones, y que eso no significa que me hayan dado permiso para intentar aliviarles ese dolor o incluso para arreglarlo. Pero tampoco significa que yo tenga que meterme en su círculo vicioso.

Me enseñaron a aceptar lo que no puedo cambiar y a cambiar solo lo que está en mis manos.

A dar negativas sin remordimientos.

A perdonarme cuando meto la pata. A pedir perdón solo lo razonable.

A aceptar que, independientemente de todo lo que haga por mejorar, debo hacerlo de forma exclusiva por mí y no esperar nada a cambio. Porque mi evolución personal es mía y solo mía, y en ningún caso me da derecho a pedir reciprocidad (más o menos como si quisieras mejorar tu relación con tu pareja y esperaras que él cambie o te acepte mejor porque tú estás yendo a terapia).

Pero, sobre todo, me ayudaron a darme cuenta de que yo también tengo derecho a existir. Que el hecho de ser buena persona no implica decir que sí a todos. Que mostrarme generosa no significa que deba dejarme pisotear ni convertirme en el saco de boxeo de otros.

Dicho esto, espero que este libro tan personal te haya ayudado a ti también en tu viaje a conocerte mejor, a respetarte y respetar. A saber decir que sí solo cuando es con mayúsculas, y a incluir la palabra «no» en tu diccionario, para horror de nuestro tataratatararísimabuelo abuelo Borg.

Te deseo de corazón que empieces a regalar tus noes por doquier. ;)

# Agradecimientos

Esta es la parte que la mayoría de la gente se salta en los libros y que siempre me fascinó. Y no solo porque, como lectora empedernida que soy, lea todo lo que cae en mis manos, sea el prospecto de la aspirina, las instrucciones de unas pilas, o el año de edición de un libro.

Mi fascinación venía por otro lado. Yo había comprado la imagen del escritor aislado en una cabaña en el bosque, rodeado de bolas de papel con frustrados intentos de contar una historia, un cenicero lleno, y gruñidos a todo ser que osara acercarse. Pensaba que era una profesión solitaria y antisocial.

No podía estar más equivocada.

Un libro es solo la guinda de un pastel que muchas personas contribuyeron a cocinar. La punta de un iceberg cuajado de personas formando la estructura y profesionales dándole forma. Basta con leer los agradecimientos para darse cuenta.

Y este es el momento en el que yo reconozco públicamente a esos que me ayudaron a poner un libro en tus manos.

A mi amigo y mentor Tom Kuegler, el mejor maestro que pude tener para iniciarme en el mundo de la escritura. Gracias por tantas enseñanzas, risas, contactos y sueños.

A los que leísteis el manuscrito y aportasteis vuestros valiosos granitos de arena: Duncan, Sara, Elena, Angie, Fernando y Mari. Gracias por darme la dosis de confianza que necesitaba para continuar.

A los que me ayudáisteis a pensar un título, especialmente a Clara por hacerlo en un momento de mucho estrés personal.

A todo el equipo de Almuzara libros, en especial a Manuel y Pilar Pimentel por su profesionalidad y por darme una oportunidad como autora novel.

A mis maestros y mis compañeros en el arte del *online writing*, *copywriting* y la escritura creativa.

A todos los que aprendisteis a escribir conmigo. En realidad yo estaba aprendiendo de vosotros.

A Nick, Kelly y mis amigos de La Vuelta, por vuestro apoyo, las risas y los momentos inolvidables compartidos.

A mis amigas de la infancia por prácticamente obligarme a publicar este libro. Sí, hablo de ti, Maruru, Silvia, Is, Mavichu, Vito, Ana, Mire, Nuria, Zofco, Charaka, Elena, Viole, Raquel... También de ti, Juan, Cristiprim, Victoria, Mariado y todos los amiguetes. A mis compañeros del colegio, instituto y universidad. A mis incorregibles idealistas de Sintiendo el mundo, cada día trabajando activamente por un mundo mejor. A mi comunidad de MVU, que solo saben que no saben nada y cada día se levantan tratando de crecer y ser mejores personas.

Al Ministerio de Desarrollo Social de Uruguay, los proyectos barriales y ONGs con los que colaboré, a mis amigos del cono sur, de Gestido 2475, el Kfe, y a mis "españoles por Montevideo" gracias por regalarme una de las mejores etapas de mi vida. Gracias en especial a mis niños, adolescentes y a los privados de libertad que tanto me enseñasteis, espero que la vida sea justa con vosotros y os regale la paz que merecéis.

A mi comunidad online, por ser parte de mi viaje de descubrimiento personal.

A todos los autores que, con sus palabras y enseñanzas, me cambiaron la vida.

A mis tíos y primos por estar siempre a una llamada de distancia. Por las risas y las lágrimas compartidas. Por los abrazos que nos dimos y los que nos quedan por darnos.

A mis sobrinos, que son mi alegría y niños de mis ojos.

A todos los que menciono en este libro, tanto con vuestro nombre real como ficticio, todas las anécdotas que aquí comparto son reales e hicieron un gran impacto en mi vida. Gracias por enseñarme tanto.

A la red de bibliotecas de la Región de Murcia, en especial la biblioteca general, la Universidad de Murcia, y más recientemente las del Puerto de Mazarrón y la biblioteca "Río Segura". Desde mi adolescencia, me disteis un espacio rodeado de libros y silencio para estudiar, y otro para crear y trabajar como adulta.

A todos, gracias por hacerme quien soy, por haber sido parte de mi viaje, por estar y por haberos ido. Por ser vosotros.